THÈSE

POUR LE DOCTORAT

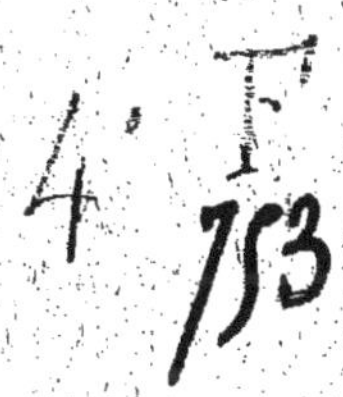

Saint-Amand (Cher). Société Anonyme de l'Imprimerie Saint-Joseph

FACULTÉ DE DROIT DE PARIS

DROIT ROMAIN

LE DROIT COMMERCIAL CHEZ LES ROMAINS

DROIT FRANÇAIS

BERTRAND D'ARGENTRÉ
SES DOCTRINES JURIDIQUES
ET LEUR INFLUENCE

THÈSE POUR LE DOCTORAT,

L'ACTE PUBLIC SUR LES MATIÈRES CI-APRÈS
sera soutenu le 23 Mai 1892 à 2 heures 1/2

PAR

CH. DE LA LANDE DE GALAN

AVOCAT A LA COUR D'APPEL DE PARIS
LAURÉAT DE L'ÉCOLE DES SCIENCES POLITIQUES ET DE L'INSTITUT CATHOLIQUE DE PARIS

Président : M. GLASSON

Suffragants { MM. CAUWÈS } *Professeurs.*
{ LAINÉ }
{ PLANIOL *Agrégé*

SAINT-AMAND (Cher)
Société Anonyme de l'Imprimerie Saint-Joseph
89, Rue du Pont-du-Cher, 89

1892

A MON PÈRE

A MA MÈRE

DROIT ROMAIN

LE DROIT COMMERCIAL CHEZ LES ROMAINS

OUVRAGES CONSULTÉS

ACCARIAS : Précis de droit romain.

BAUMANN : des Exceptions au droit romain introduites par les besoins du commerce de terre.

BOISTEL : Précis de droit commercial.

DELOUME : les Manieurs d'argent à Rome.

DESJARDINS : Traité de droit commercial maritime.

ENGELHARDT : Histoire du droit fluvial conventionnel. (Nouvelle revue historique du droit, 1888).

LEGENDRE : de l'action *exercitoria*.

LYON-CAEN ET RENAULT : Traité de droit commercial.

MEIGNEN : Etudes sur la *Lex Rhodia de jactu*.

MAYNZ : Cours de droit romain.

NOEL : Histoire du commerce du monde.

NOUGUIER : Des lettres de change et des effets de commerce.

PARDESSUS : Collection des lois maritimes antérieures au XVIIIᵉ siècle.

DE PASTORET : Recherches et observations sur le commerce et le luxe des Romains, et sur leurs lois commerciales et somptuaires.

PIGEONNEAU : Histoire du commerce de la France.

VIGNEAUX : Essai sur l'histoire de la *Prefectura urbis* à Rome. (Revue générale du droit, 1886-88).

DROIT ROMAIN

LE DROIT COMMERCIAL

CHEZ LES ROMAINS

CHAPITRE I

LE COMMERCE CHEZ LES ROMAINS

Romulus, dit-on, ne voulant régner que sur des soldats, avait interdit le commerce aux citoyens romains, pour en confier le soin aux seuls esclaves. Cette anecdote résume assez bien l'opinion peu favorable que les Romains professèrent pendant longtemps à l'égard des professions mercantiles. Ce n'est pas à dire toutefois que ces professions ne fussent pas représentées à Rome ; nous y trouvons de très bonne heure des artisans, des petits marchands, et c'est au règne de Numa, c'est-à-dire à la plus haute antiquité, que Pline et Plutarque font remonter leur groupement en corporations. Il était d'ailleurs impossible qu'il en fût autrement ; l'agriculture avait beau être l'occupation générale, la fabrication des ustensiles, par exemple, dès qu'elle se perfectionna un peu, cessa d'être une fabrication domestique pour se concentrer aux mains d'industriels de profession qui les cédaient aux agriculteurs contre l'excédant de

leurs récoltes. Mais ces transactions elles-mêmes étaient rares, l'intermédiaire n'y paraissait pas, la *mancipatio* exclut
toute idée de vente à terme, et n'est au fond que l'échange
d'une denrée contre un poids de métal précieux. Avec les
cités étrangères, les relations des agriculteurs romains étaient
encore plus rares : à peine si l'on peut citer quelques
grands marchés internationaux, quelques foires annuelles,
sur le mont Aventin, par exemple, (les historiens en attri-
buent la fondation à Servius Tullius) à Frégelle, à Féro-
nia, près de Capènes. Le trafic qui s'y faisait ne pouvait
guère être considérable : les goûts simples des Romains
d'alors n'éveillaient point chez eux des désirs que la rareté
du numéraire ne leur eût pas permis de satisfaire par la
voie du commerce, et s'il en était quelques-uns que formât
leur rapacité, leur humeur belliqueuse les poussait à s'en
procurer la réalisation par les armes. La mer, cette grande
route commerciale du monde ancien, ne leur était pas ou-
verte sur une assez vaste étendue pour solliciter leur esprit
d'aventures. Dans le premier traité de commerce négocié
avec les Carthaginois, ils s'interdisent le trafic et la navigation sur les côtes d'Afrique et de Sardaigne sans rien stipuler en échange que le droit de se servir pour eux-mêmes
des vaisseaux carthaginois.

Le premier besoin, mais aussi le plus essentiel de tous,
qui poussa les Romains aux opérations commerciales,
ce fut la faim. Dès le troisième siècle de Rome, il fallait
recourir à l'importation pour nourrir la population qui se
pressait dans son enceinte : Porsenna pense vaincre sa ré-
sistance en l'empêchant de recevoir les blés de l'Etrurie, et
Spurius Melius s'assure les bonnes grâces du peuple en en

faisant des distributions. Bientôt (315 de Rome) nous voyons apparaître le premier préfet de l'annone, spécialement chargé de ce service qui prendra de jour en jour plus d'importance, assurer l'approvisionnement de la capitale.

Les progrès sans cesse croissants de la conquête romaine ouvrirent, à partir du IVe siècle de Rome, des perspectives nouvelles à cet amour du gain qui était le fond du tempérament romain. En ce pays où l'importance politique dépendait de la fortune, comme le prouvent les réformes de Servius et la chevalerie financière de César, où dans le droit privé on se préoccupait bien plutôt de protéger les héritiers des incapables que les incapables eux-mêmes, il n'est pas étonnant qu'une fois le branle donné on ait vu se lancer de tous côtés à la conquête du monde, aussi âpres que les légionnaires qui ne manquent jamais d'ailleurs d'emporter dans leur ceinture quelques pièces d'argent pour trafiquer, les *negotiatores* romains. Dans le second traité de commerce avec les Carthaginois, ils stipulent des avantages pour ceux de leurs négociants que leur trafic amène à Carthage ; et, l'an 239 avant Jésus-Christ, on ne compte pas moins de 500 marchands italiens emprisonnés pour avoir porté des vivres aux mercenaires carthaginois révoltés. Partout où un soulèvement se produit contre la domination romaine, que ce soit en Gaule ou en Asie-Mineure, il débute toujours par le massacre des commerçants romains. Les sociétés de publicains qui se forment au VIe siècle de Rome pour exploiter les pays conquis par la ferme des impôts, des biens domaniaux et des travaux publics, et dans lesquelles chacun a sa part d'intérêt, son action grande ou petite, achèvent de développer l'amour du lucre dans toutes les classes de la société. Les descendants des anciennes familles vont fonder à l'étranger des maisons de commerce; en 219 et 217 avant Jésus-Christ, on interdit aux sénateurs d'entrer dans les sociétés de publicains, de prendre part aux marchés de fournitures, de posséder de gros navires qui puissent transporter autre chose que les produits de leurs exploitations rurales. Les préjugés des lettrés finissent eux-mêmes par disparaître : on connaît le texte fameux de Cicéron sur l'estime que l'on doit avoir pour le grand commerce et cet autre non moins connu où Ulpien déclare la navigation chose du plus haut intérêt pour l'État. Au ive siècle de notre ère enfin, on frappe de la même peine celui qui vend des armes aux barbares et celui qui leur apprend la construction des navires. Contrairement à la théorie de Scipion, le même peuple est devenu le roi et le commissionnaire du monde entier.

Trois causes expliquent ce développement du commerce chez les Romains : la présence de nouveaux et impérieux besoins, l'impossibilité de les satisfaire autrement, les nombreuses facilités qu'il rencontre.

Pas n'est besoin d'insister longuement sur la première de ces raisons. Tout le monde connaît le luxe prodigieux de la Rome républicaine, à laquelle la Rome impériale ne le céda en rien sur ce point : les moralistes et les satiriques abondent en traits caractéristiques, les historiens les plus graves ne sont pas moins édifiants, tout le monde connaît cette fameuse table en bois de citronnier que Cicéron avait payée 100,000 sesterces (20,000 francs de notre monnaie) et ce souper qui en coûta 200,000 à Lucullus. Des hommes, qui, comme Sénèque, gagnaient en quatre ans soixante millions ne devaient pas regarder au prix quand il s'agissait de satisfaire leurs fantaisies. Or l'Italie, entièrement dépourvue de manufactures, n'offrait plus rien de rare à ces esprits curieux de choses étrangères, que le nombre, toujours croissant des étrangers qui se donnaient rendez-vous à Rome leur mettait pour ainsi dire sous les yeux. Il leur fallait les fourrures de la Scythie, l'ambre du Nord, les étoffes et les perles de la Perse, la pourpre, les vins et les essences odoriférantes de Syrie, l'encens, la myrrhe et les parfums d'Arabie, les fruits, la laine et le fer d'Egypte, les draps fins de Malte, et jusqu'aux produits de la Chine et de l'Inde, cotonnades, mousselines, soies, pierres précieuses, épices, ivoire, indigo, ébène et bois de toutes sortes. Et comme d'autre part l'agriculture dépérissait de plus en plus, comme l'afflux du numéraire joint au changement de la valeur nominale de l'as, avait au vi^e siècle de Rome fait renchérir tous les objets des 2/5 de leur valeur, comme il fallait à tous prix nourrir et amuser la plèbe de plus en plus nombreuse de la capitale, force fut bien de recourir au commerce pour aller chercher en Egypte et en Sicile le blé que le sol Italien ne fournissait plus ou pour amener aux portes du Cirque les animaux féroces du continent africain. Dans ce commerce, l'importation dépassait donc de beaucoup l'exportation. Effrayé, le Sénat défendit en l'an 525 de Rome de payer en argent les marchandises achetées aux Celtes ; vains efforts, trois siècles après, pour le seul commerce de l'Inde, l'exportation dépassait l'importation de 105 millions.

En même temps, le commerce romain acquérait par la soumission de l'Italie au v⁰ siècle de Rome, l'instrument d'échange et les facilités de transport qui lui manquaient jusque-là. Les villes de la Grande Grèce fabriquaient déjà la monnaie d'argent ; à la fin du siècle, Rome avait son atelier monétaire, et ce métal, par sa diffusion rapide, facilitait les transactions. Lorsque, sous Auguste, la monnaie d'or se répandit dans l'usage, il n'y eut pour ce métal qu'un type de fabrication et ainsi se trouva réalisée l'unité monétaire.

La conquête de l'Italie fit aussi de Rome une grande puissance maritime. Pour vaincre les Carthaginois, il fallut une marine nombreuse, ce qui développa l'habitude de la navigation. Mais, même alors, la politique romaine n'était pas une politique commerciale : de même que la douane ne fut jamais pour eux qu'un expédient fiscal, ils ne détruisirent jamais chez les vaincus que les bâtiments de guerre, et se négligèrent tellement, une fois vainqueurs de Carthage, que les pirates se rendirent maîtres de la mer et qu'il fallut une véritable guerre pour les en chasser. L'Empire fit beaucoup pour le commerce en assurant la paix et la sécurité : partout de vastes routes furent tracées, des itinéraires rédigés, des services de roulage établis ; la découverte des moussons facilite les relations directes avec l'Inde ; sous Auguste, on met deux jours pour aller d'Ostie en Afrique, trois jours pour aller à Marseille, quatre à Tarragone ; on va en cinq jours de Pouzzoles à Corinthe, en neuf jours à Alexandrie. Claude fait d'Ostie un port de commerce, Trajan l'agrandit en faisant creuser un second bassin, communiquant par un canal avec le Tibre. Les entrepôts, les bazars, les bourses se multiplient. « Le marchand d'autrefois, dit M. Pigeonneau, (*mercator*), est devenu l'homme d'affaires (*negotiator*); souvent il accompagne encore ses marchandises, mais il n'y est plus obligé: il a des associés, des correspondants, des agents qui le remplacent: tel grand commerçant a un établissement à Lyon et un autre à Pouzzoles: les principales villes deviennent des foires permanentes où vient s'approvisionner le petit commerce sédentaire ou nomade; c'est seulement quand il a dépassé les frontières de l'Empire que le marchand retrouve les hasards qui remplissaient autrefois sa vie aventureuse. »

CHAPITRE II

A un pareil développement du commerce eût dû correspondre, comme cela s'est vu dans les temps modernes, le développement d'une législation distincte et spéciale aux commerçants. Nous avons aujourd'hui un Code de commerce et des tribunaux de commerce chargés de l'appliquer; or, c'est un état de choses que les Romains ne semblent pas, à première vue, avoir soupçonné. Nous voyons bien les marchands groupés en corporations, mais c'est une faveur que les artisans partagent avec eux et ces groupements ne répondent guère à d'autres besoins que ceux auxquels sont destinées nos sociétés de secours mutuels. Un fait plus significatif, c'est l'établissement, sous Alexandre Sévère, d'un impôt frappant spécialement les commerçants, d'après la valeur de leur matériel d'exploitation et le chiffre de leurs affaires, déclaré par les intéressés et contrôlé par les agents de l'Etat : au IVe siècle de notre ère, tous les commerçants d'une cité, groupés dans ce but en un collège de contribuables imposés collectivement, sont solidairement responsables de cette sorte de patente qu'ils répartissent ensuite à leur gré. C'est surtout dans l'organisation de certaines professions commerciales que se rencontrent les particularités les plus curieuses. Nous avons dit quelle grave préoccupation c'était pour le gouvernement d'assurer l'approvisionnement de

Rome. Sous les premiers empereurs, quatre provinces dites
frumentaires, la Sicile, la Sardaigne, l'Afrique et l'Egypte
alimentaient par leur tribut payé en nature les greniers de
l'annone ; et en cas d'insuffisance de la récolte, la Gaule,
l'Espagne, la Numidie et même l'Asie fournissaient des sup-
pléments : on évalue, en effet, à six millions d'hectolitres le
chiffre annuel des importations de blé à Rome. Sous la République, les transports étaient adjugés aux enchères par
les censeurs ; au besoin, on usait de réquisitions et tous les
navires de mer d'une capacité de plus de 10,000 modii
pouvaient être astreints à ce service. A Alexandrie, les armateurs et négociants indigènes étaient tenus de transporter, à leurs frais, la part imposée à l'Egypte et chaque année
leur flotte amenait à Pouzzoles le précieux chargement. Pour
diminuer les inconvénients de ce système d'adjudication et
de réquisition, on eut recours à l'initiative privée : les citoyens romains qui consacraient habituellement au commerce d'approvisionnement la plus grande partie de leur
fortune étaient exemptés de magistratures, les Latins Ju-
niens, et à partir de Néron les provinciaux obtenaient le droit
de cité. Claude et surtout Trajan augmentèrent encore les
privilèges de cette classe de commerçants : et ce dernier crut
même pouvoir renoncer aux réquisitions et aux enchères.
Mais il avait trop présumé des forces de l'initiative privée ;
et, sous Marc-Aurèle, l'administration dut créer des corporations de naviculaires, auxquels on fournissait le matériel
d'exploitation et qui s'engageaient solidairement, par une
sorte de contrat perpétuel, à assurer, sous la direction permanente de l'administration, le service des transports publics par mer.

Pour faire voyager sur les voies fluviales les denrées et autres produits destinés aux entrepôts publics, l'administration n'eut besoin de rien créer, et se borna à utiliser les collèges de nautes, qui différaient des naviculaires en ce qu'ils n'étaient pas attachés à leur profession, mais qui jouissaient comme eux de l'exemption des charges personnelles, des magistratures publiques et des péages, en ce qui concernait, du moins, les matières affectées aux besoins de l'État ou à leur commerce spécial. Ces corporations jouissaient d'ailleurs de la personnalité civile et du droit d'édicter, sans l'intervention des pouvoirs publics, toutes lois et tous règlements concernant leur gestion intérieure. Des places leur étaient réservées au théâtre, et leur nom figurait sur les inscriptions avec un cortège de pompeux qualificatifs.

Les nautes s'acquittaient de leur service à tour de rôle ; ils étaient propriétaires de leur matériel ; ils avaient un tarif qui leur servait de règle dans leurs conventions avec les particuliers ; le grand commerce était réservé aux plus âgés, aux maîtres, le petit commerce aux apprentis. Mais, sur les fleuves du moins, il y avait des compagnies rivales qui assuraient aux particuliers les bénéfices de la concurrence.

S'il n'y avait pas à Rome de tribunaux de commerce pour juger les contestations commerciales, il y avait, pour le contentieux des approvisionnements une juridiction spéciale, celle du préfet de l'annone. Il châtiait, en effet, les coalitions et les manœuvres des joueurs à la hausse et des accapareurs, en même temps qu'il statuait sur les contestations entre armateurs et capitaines, et les actions des vendeurs de grains

en paiement de leur prix, jugeant à la fois ainsi au crimi-
nel et au civil.

Les Romains n'ont pas davantage pratiqué l'institution
des consuls. Il y avait bien chez eux un fonctionnaire,
chargé de rendre la justice aux étrangers, c'était le préteur
pérégrin ; mais il était nommé par Rome et jugeait d'après
le *jus gentium*, tandis que nos consuls sont nommés par
le gouvernement et jugent d'après la loi nationale de ceux
auxquels ils sont appelés à rendre la justice.

On a trouvé plus justement dans certaines dispositions
des lois romaines l'origine des congés, des passe-ports, des
lettres de chargement, de la visite des navires dans le but
de s'assurer s'ils sont en bon état, de l'obligation des patrons de ne pas s'écarter de la route, des rapports qu'ils
doivent faire et de leur vérification par l'audition de l'équipage ; et c'est avec raison que l'on voit dans la caution mu-
cienne, destinée à permettre aux négociants d'enlever leurs
marchandises des bureaux de la douane avant d'avoir payé
les droits, l'origine de notre acquit à caution. Signalons
enfin, pour en finir avec ce qui regarde le droit public, les
règles relatives à la police des rivages de la mer. Comme ils
n'appartiennent à personne, chacun peut y aborder, y pê-
cher, y construire des abris ou des édifices ; mais l'autorité
publique peut toujours faire démolir sans indemnité les constructions qu'elle jugerait de nature à gêner la navigation,
l'abord du rivage ou le séjour dans les ports.

S'il n'y avait pas chez les Romains un droit public spécial aux commerçants, il y avait donc cependant un droit
spécial régissant certains commerces. Nous rencontrons
le même aspect dans l'étude du droit privé.

La première raison qui explique l'absence d'un droit applicable aux actes de commerce et à ceux qui en font leur profession habituelle, c'est que pendant longtemps, tant que le commerce des Romains fut intérieur et terrestre, le droit civil fut suffisant pour régler les négociations dont il se composait et pour donner les moyens de trancher les contestations qu'il faisait naître. « Les principes généraux sur les choses qu'il était permis ou interdit de vendre, dit M. Pardessus, et sur les diverses clauses dont la vente était susceptible, les droits sur la répression des infidélités dont les vendeurs se rendaient coupables pouvaient s'appliquer aux achats et ventes faits avec intention de spéculer, les seuls qui soient proprement des actes [de commerce comme à ceux qui n'avaient que la consommation individuelle pour objet. Il en était de même des règles sur la validité, les effets ou rescision des contrats, sur les qualités et les risques de la chose vendue, mise en gage, déposée, transportée d'un lieu dans un autre ; et c'était aussi par le droit commun sur la capacité de contracter que dut être réglée celle des mineurs, des fils de famille, des femmes qui se livraient au commerce... Le droit civil avait également prévu avec une admirable sagacité tous les cas que la position d'un débiteur insolvable pouvait faire naître, relativement à l'annulation des actes faits en fraude des créanciers, à leurs droits sur les biens abandonnés par le débiteur ou dont le juge leur avait attribué la possession, à l'ordre de préférence ou de collocation des diverses classes de créanciers, au pacte rémissoire, etc. Toutes ces règles ne durent éprouver aucune modification parce que le débiteur était commerçant ou que les engagements qui avaient causé son insolvabilité

appartenaient au commerce. » Le même auteur ajoute enfin
que « les principes généraux relatifs aux devoirs et aux droits
des intermédiaires que l'on employait pour préparer les
transactions et qu'on appelait proxénètes, ainsi qu'à l'effet
des conventions faites par leur entremise n'étaient pas mo-
difiés par le genre des affaires auxquelles ils se livraient. »

La seconde raison, c'est que l'existence d'un droit commercial choquait l'idée que les Romains avaient au plus
haut degré, de l'unité du droit. On a comparé fort ingé-
nieusement la manière dont ils s'y prenaient pour élargir
leurs conceptions juridiques, quand venaient à se révéler
à eux de nouveaux besoins, au procédé d'un architecte qui
augmenterait le nombre des appartements ou celui des
étages plutôt que de construire, pour loger les nouveaux
arrivants, un pavillon séparé. C'était généralement le
commerce, où les transactions sont plus rapides et plus
fréquentes, qui faisait remarquer sur tel ou tel point
l'étroitesse du vieux cadre formaliste. On commençait par
apporter une exception aux règles du droit civil, sur le
point précis où elles s'étaient montrées le plus gênantes ;
peu à peu l'exception se généralisait, mais c'était pour devenir la règle nouvelle. C'est ainsi que la théorie de la non
représentation dans le mandat fut totalement bouleversée,
et qu'une théorie nouvelle, d'abord restreinte au commerce
maritime, puis étendue au commerce de terre, finit par
triompher au sein du droit civil. Il y eut donc pour ainsi
dire une sorte de commercialisation du droit civil, là du
moins où elle n'existait pas dès l'origine, comme on peut
le voir par la situation du débiteur insolvable, qui ressem-
ble beaucoup plus à la faillite qu'à la déconfiture, puis-

qu'elle entraîne l'infamie, le dessaisissement des biens et la nomination d'un syndic. Pour trouver des règles spéciales, il faut nous mettre en présence de commerces tout à fait spéciaux, soit par leur nature même, comme le commerce maritime, soit parce qu'ils n'avaient reçu à Rome qu'un développement insuffisant.

Il n'est à cette théorie qu'une seule exception. Lorsque Justinien fixa à 6 0/0 le taux de l'intérêt, il permit aux commerçants de prêter à 8 0/0. Mais l'exception n'est qu'apparente, car on ne pouvait exiger d'eux un semblable intérêt, il ne dépendait donc pas de la nature de l'opération, ce n'était pas un intérêt commercial.

CHAPITRE III

RÈGLES SPÉCIALES AU COMMERCE DE MER

C'est par mer que les transactions sont le plus rapides et le plus fréquentes, c'est par mer que se faisait le commerce d'approvisionnement, le plus important, le plus considéré chez les Romains : c'est donc le commerce maritime qui eut le premier, à Rome comme au moyen âge, sa législation spéciale. Certains caractères, l'incertitude de ses opérations, par exemple, l'empêchèrent de jamais se confondre avec le droit civil, et en firent une législation cohérente, par le fait même que le champ de son application était plus nettement délimité. C'est donc par le droit maritime qu'il convient de commencer l'étude du droit commercial chez les Romains.

Montesquieu a fait remarquer avec quel art les Romains surent s'approprier dans l'armement de chacun des peuples avec qui ils furent en guerre, ce que cet armement avait de supérieur. Quoique leur législation soit généralement très originale, ils firent cependant de nombreux emprunts, en ce qui touche le droit maritime, aux lois d'un peuple qui avait joui à cet égard d'une haute réputation, nous voulons parler des Rhodiens. La loi rhodienne, que nous voyons désignée dans les écrits des jurisconsultes par les mots de *lex, disciplina, nomos,* ce qui semble bien indiquer une loi écrite, et non pas un recueil de règles coutumières, embrassait non seulement la matière du jet ou de la contribution, mais encore l'ensemble du droit maritime, *lex Rhodia de nauticis.* Introduite à Rome dès l'époque républicaine, puisque Servius et Labéon en parlent dans leurs écrits et plutôt, semble-t-il, par les commentaires qu'en firent les jurisconsultes et les applications qu'en fit le préteur que par un plébiscite ou par un sénatus-consulte, elle fut pour la première fois, sous Auguste, reconnue officiellement comme loi de l'Empire.

Parmi les choses auxquelles s'applique le droit maritime, il en est une à laquelle le droit civil terrestre ne peut s'appliquer : c'est le navire. En droit romain, le navire ayant toujours sa consistance et en quelque sorte son individualité était considéré comme le même corps, quelles que fussent les réparations qu'on y eût faites. (Loi 76, D ; livre V, titre 1 ; 10, 7, D ; VII, 4) ; en conséquence, celui qui est évincé d'une planche ne peut se plaindre d'une éviction partielle (loi 36, D ; l. XXI, t. 2), celui qui, après avoir légué un navire, le répare et le remet entièrement à neuf, n'est pas censé avoir révoqué son legs (24, 4, D ; XXX) ; mais si, après avoir légué son navire, il le détruit, les pièces de bois provenant de cette démolition ne pourront être réclamées par le légataire (88, 2, D, XXXII). A l'inverse, si quelqu'un lègue des bois ou autres matériaux que, postérieurement à son testament il emploie à construire un navire, le légataire des matériaux ne peut réclamer le navire (88, 1 D, XXXII), mais le legs de la *massa* permet de revendiquer les *scyphi* qui en ont été tirés (88, 3 D ; XXXII). Si je démolis mon navire, dit Ulpien, (10 D ; VII, 4) puis si je le reconstruis, eussé-je em-

ployé les mêmes matériaux, ce n'est plus le même navire ;
Paul admet un tempérament à cette règle lorsque, dès
l'instant de la démolition, les matériaux ont été destinés à
faire partie du navire reconstruit (83, 5 D ; XLV, 4 ; 98
& D ; XLVI, 3). La règle que l'accessoire suit le principal
s'applique au navire comme aux autres objets : si donc le
propriétaire d'un navire l'a réparé avec des pièces de bois
qui ne lui appartenaient pas, il n'en demeure pas moins le
propriétaire exclusif, (61 D, VI, 1), sous l'obligation d'indemniser le propriétaire des matériaux. Si je construis entièrement un navire, au lieu de le réparer seulement, avec
des pièces de bois qui ne m'appartiennent pas, les jurisconsultes se divisent : Minicius attribue la propriété du navire au propriétaire des matériaux, Julien et Paul, au contraire, appliquant ici la doctrine proculéienne sur la spé-
cification, déclarent que les matériaux ont perdu leur individualité, et que, par conséquent, le navire qui en a été formé
appartient au constructeur (26 D ; XLI, 1 ; 61, D ; VI, 1).

Un navire dans son ensemble comprend tout ce qui est
destiné et appliqué à son service (44 D ; XXI, 2) ; mais
cela n'empêche pas que les agrès ne puissent être considé-
rés comme des objets distincts, et par conséquent affectés
spécialement au paiement d'une dette, vendus séparément,
revendiqués sans qu'on revendique le navire (3, 1, D ; VI, 6). Il
y a plus de difficulté pour la chaloupe : Labéon la range
parmi les *armamenta*, Paul soutient, au contraire, qu'elle
ne fait pas partie du navire, dont elle diffère par la taille
et non par l'espèce (29 D ; XXXIII, 7), elle est par elle-
même un petit navire, dit encore la loi 44 D ; XXI, 2 ; il
faut donc la revendiquer à part (3 D ; VI, 1).

Toute personne libre, sans distinction de sexe (4 C; IV, 25) ni d'âge, peut être propriétaire d'un navire ; mais le pupille ne peut s'obliger pour ce qui concerne son navire sans l'assentiment de son tuteur (1, 16, D; XIV, 1). Lorsqu'un navire appartient en commun à plusieurs personnes, si d'un commun accord elles en désignent le patron, elles ne peuvent être poursuivies, à défaut de stipulation expresse, pour les engagements contractés par l'une d'elles, mais seulement pour les engagements du patron ou pour les délits commis par un matelot.

Nombre de règles traduisent en pratique la haute idée que les Romains se faisaient, comme nous l'avons déjà dit, de l'utilité de la navigation. *Navis ad hoc paratur, ut navigetur*, dit la loi 12 D, VII,I; aussi si le navire que j'ai revendiqué part après ma demande en justice et se perd en mer, le défendeur n'est pas en faute (16, 1, D; VI, 1); le possesseur de mauvaise foi doit payer au propriétaire la valeur locative de son navire, même s'il peut prouver que celui-ci n'avait pas l'intention de le louer (62 D; VI, 1). Celui qui prête de l'argent pour construire, acheter ou équiper le navire, ou pour les besoins de la navigation, par exemple, pour renouveler les provisions ou payer le fret, a un privilège qui prend rang immédiatement après celui du fisc. Si de plus ce créancier avait déjà une hypothèque sur le navire ou sur les marchandises qui y sont chargées, il sera préféré, par dérogation aux règles ordinaires du droit, à un créancier antérieur en date, à cause de la qualité de sa créance, car il a conservé par son intervention le gage commun des créanciers (5 et 6, D, XX, 4; 26 et 34 D, XL II).

Le gouvernement du navire, dont le propriétaire se charge rarement, est le plus souvent confié à un ou plusieurs préposés appelés patrons qui sont quelquefois obligés d'agir en commun (1, 13 D ; XIV, 1) : en ce cas, comme dans celui où les pouvoirs du patron auraient été restreints par ses mandataires, ces restrictions sont opposables aux tiers qui en ont eu connaissance. A défaut de mandat précis, les pouvoirs du patron sont déterminés par la qualité et la destination du navire (1, 12 D ; XIV, 1). C'est ainsi que le mandat emporte toujours pour le patron la faculté de se substituer une autre personne, un *vicarius*, et cela même si cette faculté lui était interdite par le mandat. Le patron est censé avoir reçu un mandat du propriétaire pour acheter les approvisionnements et les objets nécessaires au service du navire, pour le louer, pour entreprendre des transports, pour engager des matelots ou emprunter l'argent nécessaire à l'acquit de ces dépenses. Pour tous ces cas, à à moins de restrictions expresses, et pour la faculté de substitution, même en présence de ces restrictions, une action directe est donnée contre le propriétaire du navire, *l'exercitor*, aux tiers qui ont traité avec son préposé, le *magister navis*.

Cette disposition est une dérogation formelle et très importante aux règles du droit romain sur le mandat : pendant fort longtemps le tiers qui avait contracté avec un mandataire n'avait aucun recours contre le mandant. Ce principe, qui pouvait être vrai à une époque où l'on ne vendait que ce qui vous appartenait en propre, devint très gênant lorsqu'avec le développement du commerce, il devint impossible à un négociant de faire par lui-même

tous les actes de son négoce et qu'il lui fallut recourir à
des intermédiaires qui, presque toujours de condition servile, n'avaient pas de quoi répondre de leur solvabilité et
n'inspiraient, par conséquent, aucune confiance, puisque
le recours que l'on pouvait avoir contre leurs maîtres était
limité au bénéfice souvent très minime qu'ils avaient pu
retirer des opérations de leurs esclaves. La réforme était
surtout urgente en matière de commerce maritime, car le
négociant ne peut se trouver à la fois sur tous ses navires
et doit nécessairement demeurer au centre pour surveiller
l'ensemble de ses opérations : ce qui nous porte à croire
que des deux actions *institoria* et *exercitoria*, ce fut celle-
ci qui vit le jour la première, quoi qu'en disent certains textes du Code qui se rapportent à l'époque où son emploi
avait été très généralisé. Le tiers eût pu, nous dira-t-on
peut-être, recourir, au cas où le mandat était bien précis,
à l'action *quod jussu* ; mais le préposé n'avait souvent rien
qui pût l'accréditer auprès du tiers, et il était bien pré-
férable de supposer que par le fait d'avoir confié à quelqu'un le commandement de son navire, le propriétaire prenait pour lui l'entière responsabilité de tous ses actes.
Aussi l'action *exercitoria* était-elle donnée *in solidum* contre le *pater familias*. L'impossibilité de vérifier la portée
du mandat, voilà donc la raison d'être de l'action directe :
c'est pourquoi, dans l'action *exercitoria*, le tiers peut sans
aucune crainte traiter avec le patron, fût-il le préposé du
propriétaire ou le préposé de ce préposé (1, 5 D, XIV, 1),
car il lui est impossible de savoir quel est celui qui a reçu
le mandat à l'origine ; mais si, au contraire, c'est sur le
jussum, sur l'invitation du *magister navis* que le tiers a

traité avec le *vicarius* que lui désignait ce *jussum*, le tiers ayant été prévenu n'a pas de recours contre le propriétaire. (19, 3, D, IX, 4). Enfin, (et ceci est plutôt une faveur que l'on concède à la navigation en raison des services qu'elle rend à l'Etat que la conséquence des principes juridiques), les tiers n'ont d'action contre le *pater* si le préposant possède un pécule qu'au cas où ils peuvent intenter l'action *exercitoria* (1, 19 et 20, D, XIV, 1).

Ce qui prouve bien d'ailleurs que cette entorse au principe de la non-représentation est due uniquement aux besoins du commerce, c'est que l'on n'a jamais accordé au mandant, créancier de son mandataire, l'action directe contre les débiteurs de celui-ci.

Il faut noter encore à propos de ce mandat commercial une autre dérogation aux règles du droit civil, c'est que la mort du mandant ne met pas fin au mandat, qui ne peut être révoqué que par l'apposition, à la porte du mandataire, d'affiches annonçant cette révocation.

Suivant que l'on se place au point de vue des rapports du préposé avec le propriétaire du navire ou avec les tiers, le contrat d'affrètement est à la fois un louage d'ouvrage et un louage de services : le préposé est à la fois locataire du navire où il acquiert le droit, moyennant le paiement du fret, de placer des personnes ou des marchandises ; d'un autre côté, c'est un bailleur de services, puisqu'il s'oblige à transporter ces personnes ou ces marchandises, par conséquent, c'est lui qui doit payer le salaire des gens de l'équipage et qui est responsable de leurs actes. (1, 7, D ; XIV, 1 ; 7, 2, D, IV, 9 ; 2, D, XIV, 2 ; 1, 1, D, XIX, 5).

Si c'est le navire entier qui a fait l'objet de la location,

la totalité du fret est toujours due, n'eût-il reçu qu'une
partie des marchandises qu'il était susceptible de conte-
nir ; si la location a été faite au poids ou au nombre de
mesures, le fret sera proportionnel au chargement. Si une
femme accouche pendant la traversée, il n'est dû aucun fret
pour son enfant, parce qu'il n'a pas usé des choses qui
étaient destinées aux passagers (19, 7, D ; XIX, 2). Supposons que les marchandises chargées à bord du navire aient
péri par un cas de force majeure, il n'est dû pour elles
aucun fret, et s'il avait été payé d'avance, il doit être res-
titué (15, 6 D, XIX, 2) ; mais le fret est dû si c'est par la
faute du chargeur ou par leur vice propre qu'elles périssent : c'est ainsi qu'il est dû pour les marchandises con-
fisquées sur le navire, et qu'on le calcule, s'il s'agit d'esclaves ou d'animaux sujets à périr pendant la traversée,
d'après le nombre de ceux qui ont été mis à bord et non
d'après le nombre de ceux qui existent encore lors du dé-
chargement. Le patron est responsable *in simplum* au cas
où il ne représente pas les objets, s'il y a faute de sa part,
par exemple, s'il a négligé de prendre un pilote (ce qui suppose que l'institution des pilotes locaux était connue à
Rome) ou si le chargeur ayant fait choix d'un navire, le
patron transporte, sans demander son agrément, les marchandises sur un navire où elles sont moins en sûreté (13,
1 et 2 D ; XIX, 2 ; 10, 1, D ; XIV, 2) ; si toutefois ce trans-
bordement était nécessaire, le patron n'est responsable qu'au
cas où il l'aurait opéré de mauvaise foi ou malgré l'opposi-
tion du chargeur. En cas d'abordage, le patron n'en est
pas responsable si l'abordage est dû à la force du vent ou
des flots, ou à la nécessité de fuir un mouillage dangereux.

Ici se place une importante dérogation aux règles ordinaires du droit civil, que les hasards de la navigation ont fait admettre. En général, le propriétaire a seul le droit de disposer pleinement de sa chose, de la détruire par conséquent; en général, lorsque des objets échappent à une cause de destruction, par exemple à un incendie qui dans le voisinage en a anéanti de semblables, le propriétaire des objets sauvés n'est pas tenu d'indemniser le propriétaire de ceux qui ont péri. La théorie du jet et de la contribution va droit à l'encontre de ces deux principes. En cas de péril imminent, le capitaine peut, pour le salut commun, jeter à la mer, sans le consentement des chargeurs, une partie de la cargaison; et les marchandises ainsi sauvées ne sont pas la propriété exclusive de celui qui les a placées sur le navire, mais appartiennent en quelque sorte à tous les chargeurs qui ont droit à une part de la valeur de ces marchandises proportionnelle à l'importance du dommage qu'ils ont éprouvé. Si les marchandises, au lieu d'être complètement perdues, sont simplement détériorées, si, placées sur une chaloupe pour alléger le navire, elles périssent avec elle, s'il a fallu sacrifier le mât ou un agrès, ou si l'on a payé une rançon pour arracher le bâtiment aux mains des pirates, il y a lieu à contribution sur la valeur des marchandises préservées, soit en faveur du propriétaire du navire, soit en faveur des chargeurs dont les intérêts matériels ont souffert. Pour cela, trois conditions sont nécessaires: la première, c'est que le danger de perte totale ait été sérieux et menaçant, sans quoi le capitaine serait exposé soit à une action de dol, soit, s'il n'y a pas eu fraude de sa part, à une action *in factum* (14, pr. D; XIX, 5)

(il va sans dire que si les chargeurs ont demandé au capitaine
le sacrifice de son navire, celui-ci peut le leur accorder,
même si le péril n'était pas très grand); la seconde, c'est
que le jet ait effectivement amené le salut d'une partie de
la cargaison : c'est ainsi que si le navire périt malgré ce
sacrifice, les marchandises sauvées ou repêchées après avoir
été jetées à la mer ne seront pas sujettes à contribution, et
qu'il en est de même des marchandises placées dans la
chaloupe pour alléger le navire, si par hasard elles n'ont
pas péri; au contraire, si grâce à ce sacrifice, le navire
échappe à la tempête, mais périt bientôt après dans une seconde tempête, par exemple, et qu'alors encore une partie
de la cargaison soit sauvée, cette partie sera sujette à la
contribution. La troisième condition, c'est que le jet ait eu
lieu dans l'intention de sauver la cargaison. Si donc c'est
par un cas fortuit que le navire a subi des avaries, il n'est
pas dû de contribution, puisque le capitaine ayant promis
d'amener la cargaison à bon port doit remplir son engagement ; il n'en est pas dû non plus si ces avaries résultent
de son impéritie, car dans l'un et dans l'autre cas le fret
qui lui a été payé représente l'usure normale du navire et
doit couvrir les réparations, qui profitant d'ailleurs directement au navire n'ont profité qu'indirectement à la cargaison. De même, si les pirates se sont contentés d'enlever
certains objets, les propriétaires de ces objets ne peuvent se
faire indemniser par les autres du préjudice qu'ils ont
subi.

Une autre dérogation aux règles du droit commun, mais
qui n'est pas spéciale au commerce maritime a lieu pour
ce qui concerne la responsabilité du patron. Si quelqu'un

dérobe chez moi l'objet que vous m'avez loué ou prêté,
je n'en suis pas responsable. Au contraire, le patron
d'un navire (et cela est aussi vrai des voituriers et des au-
bergistes) est responsable des dommages ou vols commis
dans le navire ou sur le quai de chargement par ses matelots ou même par ses passagers, même s'il n'a rien reçu
pour effectuer le transport, et peut être poursuivi par
une action pénale au double née *quasi ex dilecto*. Si c'est
son esclave qui a commis le vol, il peut se libérer de l'action pénale, par l'abandon noxal, mais non de l'action
en restitution. (D, IV, 9 et XLVII, 5). Au rebours de
leurs délits, les contrats des matelots n'engagent pas l'ar-
mateur.

Parmi les contrats qui, sous l'influence des hasards de
la navigation, ont subi des modifications, il faut citer le
prêt.

Dans un prêt ordinaire, une fois la somme livrée, l'argent
étant une chose de genre, l'emprunteur devenu propriétaire
a les risques à sa charge. Or, à une époque où l'absence de
connaissances techniques et le faible tonnage des navires
rendaient fort supérieurs à tous autres les risques de la navigation, on eût trouvé fort peu de navigateurs, si d'autre
part, on ne les avait autorisés à rejeter la plus lourde part
des risques sur les capitalistes qui leur avançaient des
fonds. Si donc, je vous prête une somme, soit pour la
transporter par mer en un endroit donné, soit pour acheter des marchandises destinées à être chargées sur un navire, et si d'autre part une convention expresse met à ma
charge les risques de la traversée, le prêt est dit prêt maritime ou prêt à la grosse aventure. Si le navire n'arrive

pas à destination, l'emprunteur n'est tenu de rien payer ; en revanche, et pour compenser l'énormité de ce risque, le taux de l'intérêt demeura longtemps illimité et fut fixé à 12 0/0 par l'empereur Justinien. Le caractère purement maritime de cette opération ressort de ces deux faits que le prêt ne devient prêt à la grosse que du jour où le navire a mis à la voile et non pas dès la tradition de la somme prêtée, et que du moment où le navire est arrivé à bon port, les marchandises eussent-elles été détériorées ou se fussent-elles mal vendues, l'emprunteur doit payer l'intégralité de l'intérêt. Il faut ajouter que cet intérêt peut être valablement stipulé par un simple pacte, *pactum nudum*, et qu'il est exigible de plein droit au jour fixé pour le payement : tel était du moins, malgré quelques dissentiments, l'opinion généralement admise par les jurisconsultes et à laquelle Justinien donna force de loi. Il est bien évident d'ailleurs que si l'emprunteur mettait obstacle à l'arrivée du navire à sa destination, l'échec de l'entreprise ne le libérait pas du payement de l'intérêt. Pour surveiller sa conduite et prévenir toute fraude, ainsi que pour toucher l'argent, si le prêt n'était fait que pour un temps ou sous condition, ou pour l'aller seulement, les capitalistes romains avaient l'habitude d'embarquer un de leurs esclaves sur le navire de l'emprunteur. Une somme d'argent pouvait être stipulée, qui représentait le préjudice que l'absence de cet esclave causait à son maître ; elle était distincte des intérêts, comme aussi la peine stipulée en cas de retard dans le payement, et qui ne pouvait dépasser, semble-t-il, le capital accru des intérêts maritimes.

Il est enfin un contrat spécial au droit maritime dont

les Romains semblent n'avoir eu qu'une idée fort imparfaite :
nous voulons parler du contrat d'assurances. Il est bien
certain qu'en cas de guerre ou de famine, spécialement
pour les transports de blé ou de munitions, l'Etat prenait
souvent les risques à sa charge : et c'était une sage précau-
tion, car ces objets étant chose de genre, ni le cas fortuit,
ni la force majeure n'auraient libéré les entrepreneurs de
transports. Mais ce n'était là qu'une clause accessoire et
non un contrat distinct du contrat principal. La stipulation
principale d'assurance semble bien apparaître dans la loi
67 D; XLV, 1, qui déclare valable la stipulation suivante :
decem salva fore promittis? et dans ce texte d'une lettre de
Cicéron (*ad fam.*, livre II, lettre 17). « *Prœdes me acceptu-
rum arbitror pecuniœ ut cautum sit de vecturœ periculo.* »
Mais dans l'un et l'autre de ces passages, il n'est pas question
que l'assuré s'engage au paiement d'une prime, et le second
peut aussi bien se référer à une opération de change, surtout si l'on adopte le texte de Pardessus qui porte *sine
vecturarœ periculo.*

Il reste un dernier point qu'il était important de régler
d'une manière spéciale. En droit civil, si quelqu'un se des-
saisit d'un objet, si l'on jette, par exemple, des pièces d'or
ou d'argent au peuple (c'est l'exemple classique), on est
censé avoir abdiqué sur elles tous les droits de propriété.
Comme parmi les objets naufragés, il pouvait s'en trouver
qui eussent été volontairement jetés à la mer, c'était une
question fort délicate de savoir comment s'en acquérait la
propriété. Le fisc avait élevé sur eux des prétentions que
les poètes satiriques ont souvent raillées, et que les empereurs Claude, Adrien, et après eux nombre de leurs succes-

seurs, eurent toujours l'honnêteté de réfréner. Les objets dont personne ne réclamait la propriété étaient adjugés au premier occupant, mais tous les autres devaient être usucapés suivant les formes ordinaires, car on les considérait plutôt comme des objets perdus que comme des objets abandonnés : le propriétaire était censé avoir conservé *l'animus possidendi*, même après la perte du *corpus* (9 et 58 D ; XLI, 1 ; 21 D, XLI, 2 ; 7 D ; XLI, 7).

CHAPITRE IV

En même temps que la navigation se développait à
Rome et donnait naissance au droit maritime, le grand
nombre des opérations commerciales amenait la séparation
des professions et la formation d'un droit spécial à certaines de ces professions. Des dérogations furent appor-
tées au droit commun en faveur des banquiers et des publicains, auxquels leur rôle quasi officiel donnait une
grande importance et une grande autorité. En même temps,
les nécessités du commerce forçaient le législateur de modifier les éléments ou les conséquences de certains contrats
de droit civil à l'égard de tous les commerçants : les règles spéciales aux ventes et achats dans les foires et autres lieux publics, le *receptum*, l'action *institoria*, l'action
tributoria n'ont d'autre but que d'assurer l'honnêteté ou
la stabilité des engagements commerciaux, et par conséquent d'augmenter la confiance et de développer le crédit.
Ce sont ces deux ordres d'idées que nous allons successivement parcourir.

Dès que l'on substitua aux trocs en nature, seuls en
usage dans les premiers temps, l'échange de la marchandise contre un métal précieux, on sentit le besoin que des

hommes spéciaux vinssent vérifier la substance et le poids du lingot métallique; ce besoin donna naissance à une profession nouvelle, celle des *mensularii*. Quand à la pesée du lingot se substitua, à partir du vᵉ siècle avant Jésus-Christ, le paiement en espèces, il fallut encore avoir recours à eux pour en vérifier la sincérité; et quand le développement des relations commerciales eut jeté dans la circulation beaucoup de monnaies étrangères, il fallut bien que quelqu'un se chargeât d'en vérifier le titre et d'en apprécier la valeur. Contrôler les monnaies, ce que les Romains appelaient *probatio*, fixer le cours du change (*collybus*), mettre dans la circulation les pièces nouvellement émises par le gouvernement, parfois même retirer de la circulation les monnaies fourrées auxquelles on avait donné cours forcé : tel était le rôle quasi officiel, en tous cas fort important des *mensularii*. A la différence de ceux-ci, les *argentarii* étaient plutôt des orfèvres changeurs, opérant sur le métal et non sur la monnaie et n'ayant pas sur ce point, en l'absence de délégation spéciale, de rôle officiel. Ce sont aussi des agents de change sans monopole, et des commissaires-priseurs, chargés de la vente aux enchères, soit des marchandises qui leur ont été remises en gage, soit de toutes sortes d'objets, provenant principalement de la liquidation des successions ; ils assistent enfin généralement dans les ventes aux opérations de la pesée et du versement des deniers. Les *argentarii* ont donc un certain caractère d'officiers publics. De là, et peut-être encore plus par suite de la nécessité où ils sont de tenir leurs livres en ordre, pour ne pas se tromper dans les comptes très compliqués qu'ils peuvent avoir à régler avec leurs clients, naît pour eux l'obligation, lorsqu'un de leurs clients leur en fait la demande (à moins toutefois que cette demande n'ait été déclarée indiscrète par le préteur), de lui délivrer une copie des éléments de son compte courant : ils ne sont donc pas tenus, comme chez nous les commerçants, de représenter leurs livres en nature. Tous les citoyens romains avaient l'habitude de tenir leurs livres de recettes et de dépenses, et nous savons par Cicéron que c'était une mauvaise note aux yeux de la justice de ne pas les tenir en règle (les auteurs mentionnent les *adversaria* ou livres brouillons, et le *codex* qui correspond à notre grand livre) : mais les *argentarii* étaient seuls tenus de les présenter en justice, et seuls ils avaient l'habitude de tenir le *calendarium* ou livre des échéances. Si un citoyen romain faisait faillite, l'absence de livres ne rendait pas sa situation plus grave, comme il arrive dans notre droit où la faillite dans ce cas se transforme en banqueroute.

Une autre différence avec notre droit, c'est que chez nous le refus du commerçant de produire ses livres entraîne la reconnaissance implicite du bien fondé de la prétention de son adversaire. En droit romain, au contraire, le refus de *l'argentarius* ne donne ouverture qu'à une demande en dommages-intérêts, et pour cela il faut prouver que ce refus vous a causé un préjudice, par conséquent, établir d'une autre manière l'existence de son droit. Cette obligation de représenter les livres est tellement étendue qu'elle passe non seulement à l'héritier, mais au légataire particulier des livres, qui cependant en droit n'a jamais été considéré comme un continuateur de la personne du défunt.

Les riches Romains qui, ayant chez eux des sommes considérables en numéraire, ne les y trouvaient pas en sûreté prirent bientôt l'habitude de les déposer chez les *argentarii*. Mais ces hommes âpres au gain ne pouvaient se résigner longtemps à la pensée que leur argent demeurât improductif : le dépôt d'une somme d'argent constituant un *depositum irregulare*, puisque l'argent est une chose de genre, du moment que l'on n'était pas obligé de restituer les mêmes pièces de monnaie, ce dépôt pouvait facilement, en vertu d'un simple pacte, devenir productif d'intérêts, et bientôt, dit M. Deloume, il le devint de plein droit. Afin d'augmenter la sécurité de ce placement, la loi donna au déposant un privilège en cas de faillite, vis-à-vis des créanciers chirographaires, non seulement sur l'argent déposé, mais encore sur tout le patrimoine du failli.

Les banquiers se trouvaient ainsi largement munis de fonds et pouvaient, par conséquent, faire de nombreuses avances. De là à l'institution du compte-courant, il n'y avait qu'un pas. Déjà, dans une comédie de Plaute, un personnage prie un de ses amis d'aller au Forum donner l'ordre de porter une somme d'argent à son crédit, et l'ami répond qu'il a déjà remis sur cette somme des mandats de paiement à ses propres créanciers. Cependant l'usage général était encore, au temps de Sénèque, que le débiteur amenât son créancier à la boutique du banquier et le fît payer en sa présence. Ce n'est qu'à partir du second siècle après notre ère que se généralisa l'habitude de payer ou de prêter sur simple mandat dit *præscriptio*. La pratique du compte-courant nécessitait en faveur des banquiers une autre dérogation aux règles ordinaires du droit. Les contrats qui y donnaient naissance étant des contrats de droit strict, on ne pouvait, comme dans les contrats de bonne foi, où le juge est convié par la formule même à s'inspirer de l'équité, opérer de compensation entre ce que le banquier devait à son client et ce dont il en était créancier, il était donc impossible de solder un compte-courant. On rémédia à cet inconvénient, sans modifier la formule, en exigeant de la partie demanderesse qu'elle ne réclamât que l'excédant de son compte.

Il est un autre contrat dont les négociants et même les simples voyageurs ne peuvent se passer, dès que leur négoce ou leurs déplacements atteignent une certaine amplitude : c'est le contrat de change. Envoyer un esclave porter les fonds au lieu où l'on a promis d'effectuer le paiement est chose assurément peu compliquée mais fort coûteuse. La délégation, par laquelle on faisait accepter de son créancier un de ses débiteurs à soi, le *mandatum pecuniæ credendæ*, qui n'est autre qu'un mandat de prêt, pouvaient dans une certaine mesure, éviter ces transports d'argent. La corréalité rendait aussi des services importants : avait-on traité avec un banquier, tous ses associés étant solidaires, on était censé avoir traité avec la maison de banque : c'était donc un moyen de se faire payer par le correspondant d'Athènes, ce que le banquier de Rome vous avait promis. Cicéron fait souvent allusion à ces procédés dans ses lettres : son fils va partir pour Athènes, il demande à Atticus s'il est nécessaire qu'il emporte avec lui tout l'argent dont il aura besoin, ou si une fois arrivé, il pourra *permutari* (*Ad Attic.*, liv. XII, lettre 24) ; il lui demande encore plus tard de faire en sorte *ut permutetur*

Athenis (id ; XV, 15) ; il estime ailleurs qu'Atticus pourra facilement *tueri fidem suam permutatione* (mais, comme il le prévient que les fonds qu'il possède en Asie sont en monnaie du pays, le mot *permutatio* désigne peut-être simplement ici le change métallique). Ce qui résulte certainement de ces textes, c'est qu'il y avait des cas où l'on pouvait se faire ouvrir un crédit chez un banquier avec lequel on n'avait pas personnellement de rapports d'affaires ; le mot latin correspond bien à l'idée qu'éveille en nous le mot de change ; mais de là à affirmer que les Romains ont connu l'emploi de la clause à ordre, et qu'ils ont passé de la lettre de crédit nominative à la lettre de change payable au porteur, il y a trop de distance pour qu'en l'absence de textes précis, on puisse se prononcer sur ce point.

Lorsque l'invasion des barbares eut tari les ressources régulières de l'Empire et réduit le Trésor aux expédients et aux emprunts, la puissance politique des banquiers, détenteurs d'une grande partie de la fortune privée, devint encore plus grande, et Justinien, pour se ménager leurs bonnes grâces, en même temps qu'il leur concédait l'accès des plus hautes fonctions publiques et le privilège d'une juridiction spéciale, édicta en leur faveur un grand nombre de modifications aux règles ordinaires du droit. Les sommes prêtées par eux devinrent de plein droit productives d'intérêt, et sur les objets qu'elles pouvaient avoir servi à acquérir, on leur reconnut un droit de préemption. L'*exceptio non numeratæ pecuniæ* leur fut déclarée non opposable lorsqu'il pouvait représenter un compte signé de leurs clients. Les pièces écrites par eux furent assimi-

lées aux actes publics. Si un immeuble leur avait été hypo-
théqué, ils n'eurent plus besoin, avant de poursuivre le
tiers détenteur, de prouver l'insolvabilité du débiteur principal. Enfin toutes les opérations de banque entraînèrent
hypothèque légale au profit du client contre la *mensa*, et
réciproquement ; et, de peur que la mauvaise foi des héritiers ne fît perdre aux banquiers l'argent qu'ils auraient
prêté sans écrit, les héritiers furent obligé de déclarer devant un tribunal les dettes de la succession. Signalons enfin, à propos des banquiers, une dernière anomalie : l'exer-
cice de la profession de banquier est interdite aux
femmes.

Une autre classe d'hommes, en raison des services
importants qu'ils rendaient à l'Etat, obtint également
que l'on modifiât en sa faveur les règles ordinaires du
droit sur le contrat de société : ces hommes, ce sont les
publicains. La société en nom collectif était inconnue des
Romains : quand un associé contracte avec un tiers, ses
co-associés sont tenus de son engagement proportionnelle-
ment à leurs mises et non solidairement. (9, pr. et 27 pr. D;
XVII, 2) ; et rien ne permet d'affirmer que l'on considérât les
associés comme des mandataires, des *institores* respectifs
les uns par rapport aux autres : il n'y avait d'exception,
nous l'avons vu, qu'en faveur des banquiers. A la différence de la société en nom collectif, la société en commandite trouve, sinon son équivalent, du moins son origine dans le contrat de société tel que le pratiquèrent les
publicains. L'Etat romain, craignant de trouver des résis-
tances à la marche de son gouvernement dans un grand
nombre d'associations fortement constituées, leur refusait

en principe la personnalité civile et la transmissibilité du droit social aux héritiers. Mais, comme il était de son intérêt que les impôts et les biens domaniaux fussent productifs, il lui fallait assurer des privilèges à ceux qui les affermaient : il était d'ailleurs moins défiant à leur égard, car ces associations lui semblaient un rouage gouvernemental, et borner ses faveurs à une seule espèce de société ne lui paraissait pas un grand danger : aussi les sociétés de publicains obtinrent-elles de bonne heure la concession de ces deux droits, sans lesquels il est impossible de mener à bien une entreprise de longue haleine. La rareté du privilège eut pour résultat d'en augmenter la valeur, et de faire affluer dans les caisses des publicains l'argent des capitalistes romains. La commandite était pour ces hommes à la fois âpres au gain et dédaigneux des professions commerciales, un moyen de concilier à la fois leur amour du lucre et leur vanité : et l'organisation des sociétés de publicains tend manifestement vers ce but. A côté des *mancipes* qui se rendaient adjudicataires en nom, il y avait les *participes* qui ne figuraient pas au contrat d'adjudication et dont, par conséquent, la responsabilité était limitée ; c'est ce qu'exprime Polybe, quand après avoir parlé des adjudicataires, il constate qu'il y a d'autres personnes qui se couvrent de leur nom. Les *participes* n'avaient pas le droit de faire des actes de gestion ; en revanche, ils n'étaient pas responsables des fautes de la direction ; leurs droits, tant que durait la société, étaient limités à la faculté de céder leur part, leur action comme nous dirions aujourd'hui, ils ne pouvaient exercer l'action *pro socio*, ils ne pouvaient provoquer le partage de l'actif social, *non indivise agit ut socius*, double dérogation au droit commun. Les parts d'associés ne diffèrent guère de nos actions qu'en ce qu'elles étaient inégales, et cela, semble-t-il, pour se rapprocher des caractères de la société de droit commun. Elles étaient transmissibles par décès, et même entre vifs par voie de transfert sur les registres de la société (9 D; XVII, 2); leur cours était sujet à de fréquentes variations de hausse et de baisse, Cicéron nous parle de *partes carissimæ*, et le poëtes comiques et satiriques font souvent mention de ces ruines subites dont les basiliques du Forum, la Bourse de l'époque, étaient fréquemment le théâtre. Beaucoup de ces traits font certainement penser à notre siècle : mais le champ de ces spéculations était beaucoup plus limité que de nos jours, elles ne portaient guère que sur la ferme des impôts, la concession des mines, des carrières et des grands travaux publics ; les Romains ne surent pas étendre à toutes les sociétés commerciales le mécanisme qu'ils avaient créé pour l'une d'elles. L'Empire survint, plus hostile encore aux associations, plus soucieux de ménager les provinciaux exploités jusque-là par les publicains ; bon nombre d'impôts furent mis en régie, les sociétés de publicains subsistèrent avec leurs privilèges, mais l'importance de leur rôle avait pris fin.

Passons maintenant aux contrats commerciaux.

Tout d'abord, nous rencontrons la législation des édiles sur les vices rédhibitoires. Tout y respire le caractère commercial : la célérité de la procédure, la simplicité des effets, son origine et son but primitif, qui était d'entraver le commerce des esclaves fugitifs, les lieux où elle s'applique, c'est-à-dire les foires et marchés, l'obligation de l'écriteau, détaillé, qui constitue une publicité, l'absence de distinction entre le vendeur de bonne foi et celui de mauvaise foi. Celui qui a été lésé obtient la réparation du préjudice qu'il a souffert, et la loyauté dans les transactions, qui fait vivre le commerce, est ainsi assurée sur un terrain où le marchand, obligé de traiter avec des gens venus souvent de fort loin, manque de renseignements précis et des moyens de les obtenir.

Il est un autre contrat dont on a voulu restreindre l'application aux banquiers, mais qui s'appliquait en réalité à tous les commerçants, car Justinien, en l'abolissant, déclare cependant qu'il entend conserver leurs effets à ceux qui ont été passés sous la législation antérieure par les *argentarii et alii negotiatores* : ce contrat c'est le *receptum*. Revêtu de formes solennelles, il joue, comme la stipulation, le rôle d'un moule à obligations ; mais il en diffère en ce qu'on ne peut annuler ses effets par l'exception de dol. Cette différence est probablement la cause originelle de sa création. Lorsqu'il devint possible d'opposer avec succès l'exception de dol à la stipulation et à la *transcriptio*, les commerçants éprouvèrent le besoin, pour donner aux procès où ils se trouvaient engagés, une solution plus prompte, de posséder pour leur usage un contrat pour la validité duquel il suffit d'une seule preuve, la plus facile de toutes à fournir, une preuve de fait en un mot : l'existence des solennités requises. Ce caractère du *receptum* est si bien commercial que nous pourrions trouver dans notre droit des dispositions analogues : pour se faire payer d'un titre au porteur par exemple, il suffit de prouver qu'on en est réellement possesseur. Il est également pro-

bable que le *receptum* remplaçait entre commerçants la délégation, pour effectuer des paiements à de grandes dis-
tances, sans faire voyager le numéraire, puisque tel était
fréquemment l'objet du pacte de constitut, avec lequel Justinien l'a identifié ; et le *receptum* était plus avantageux que
les autres modes de délégation, car en ce cas le délégué ne
pouvait opposer au délégataire aucune exception.

Lorsque Justinien, désirant faire du pacte de constitut
un puissant moyen de crédit, l'eut gratifié de certaines faveurs jusque-là réservées au *receptum* en rendant perpé-
tuelle l'action qui en provenait et en permettant de l'appliquer à toutes sortes d'objets, il fit, au point de vue du droit
commercial, une forte maladresse. Sans doute, le pacte de
constitut permettant de changer, sans aucunes formalités,
l'objet de la dette, le lieu du payement, le créancier, le débiteur, rendait au commerçant des services analogues à ceux
que lui rend aujourd'hui la faculté d'endossement ; sans
doute, il offrait au créancier des sûretés, des avantages ; la
présence d'une *sponsio pœnalis* permettait de sanctionner
plus rigoureusement le défaut de payement ; les limitations
de la loi Cornelia, l'obligation de déclarer l'objet de la dette
et le nombre des cautions ne s'imposaient pas au créancier ;
mais Justinien exigeait que l'on fit la preuve de l'existence
d'une dette antérieure, et par là disparaissait, puisque le
receptum était supprimé, le grand avantage qu'il présentait
pour la solution des litiges commerciaux : la facilité de sa
preuve et l'impossibilité de paralyser la demande en faisant
valoir une exception quelle qu'elle fût. C'est ainsi que pour
avoir voulu unifier le droit commercial et le droit civil,
d'après cette tendance romaine que nous avons déjà signa-

lée, on commit une erreur économique au nom de la justice et de l'équité.

Nous avons vu comment le principe de la non-représentation du mandant par le mandataire avait été modifié dans le droit maritime par la création de l'action *exercitoria*. Les mêmes nécessités s'étant fait bientôt sentir dans le commerce de terre amenèrent la création d'une action analogue, l'action *institoria*. Le caractère exclusivement commercial de cette action, quoi qu'il ne soit pas apparu bien nettement à tous les jurisconsultes (notamment à Labéon et à Ulpien qui considèrent comme *institor* les domestiques d'un dégraisseur ou les personnes chargées de veiller à la conservation d'un bâtiment) se dégage cependant avec précision de certains textes de Gaïus et de Paul, d'où il résulte que *l'institor* est principalement chargé de vendre au détail, *in taberna*, dans une boutique ; que son rôle consiste *ad emendandum vendendumve*, (18 D, XIV, 3,) à acheter pour revendre, dirions-nous aujourd'hui. Presque toutes les hypothèses où elle est donnée supposent un véritable trafic : on y parle de commis préposés à la direction d'une banque, de colporteurs que les marchands de drap emploient pour vendre leurs étoffes au détail, de fermiers chargés de vendre les fruits de leur exploitation, d'esclaves employés par un boulanger pour faire porter à ses clients les fournitures quotidiennes et en recueillir le prix. Nous avons vu également que l'action *institoria* eut toujours une moins grande portée que sa sœur aînée, que *l'institor* notamment ne peut se substituer une autre personne si cette faculté lui a été interdite, et que si le contrat de mandat est muet à ce sujet, la question est controversée ; que si le préposant enfin est un *alieni juris*, les tiers n'auront pas d'action contre le *pater*.

Il reste une dernière modification à examiner : c'est le cas de faillite d'un esclave faisant le commerce avec son pécule. Nous avons vu qu'en cas de faillite du débiteur *sui juris*, l'égalité entre les créanciers était obtenue par ce fait que la *missio in possessionem* demandée par l'un profite à tous les autres. Il n'en était pas de même lorsque le failli étai un *alieni juris*. En premier lieu, le maître prélevait intégralement sur le pécule de son esclave le montant des créances qu'il avait sur lui : en second lieu, si le pécule était insuffisant pour désintéresser tous les créanciers, ceux-là seuls étaient payé, qui arrivaient les premiers, c'est-à-dire qui obtenaient le plus rapidement une condamnation, puisque les autres n'avaient plus à leur disposition que l'action de *in rem verso*, secours bien illusoire, car les opérations qui avaient mené l'esclave à la faillite n'avaient pas dû enrichir beaucoup le patrimoine du maître ; enfin, comme pour exécuter le jugement, il fallait se faire envoyer en possession et que le créancier commercial n'avait aucun gage spécial sur le pécule, si le maître était lui aussi en faillite, il lui fallait subir la concurrence de tous les autres créanciers.

Or, ces difficultés restreignaient la confiance que les tiers pouvaient avoir dans la solvabilité de celui avec lequel ils avaient à contracter, et comme dans le commerce on ne peut obtenir très rapidement de renseignements très précis, il s'ensuivait que pour que les esclaves (et la situation était la même pour les fils de famille dont les textes ne parlent pas, sans doute parce qu'on regardait comme au-dessous

de leur condition le commerce de détail) puissent étendre
les opérations de leur négoce, il fallait modifier la législation sur ce point : tel fut le but de l'action *tributoria*.

Cette action est uniquement applicable au cas d'entreprise commerciale : car le créancier, pour pouvoir l'intenter, doit être créancier *mercis nomine*, et Ulpien nous fait
savoir (5, 4 D; XIV, 4) que le mot *merx* n'indique pas
toute espèce de *negotiatio*, mais s'applique seulement à
l'achat pour revendre, puisque les tailleurs, les foulons,
les tisserands sont exclus du bénéfice de l'action *tributoria*.
Seul le maître peut produire pour les créances étrangères
au commerce de l'esclave.

Pour que l'action *tributoria* puisse s'appliquer, il faut
que le maître ait connu le genre d'opérations auxquelles
se livrait l'esclave, il n'est pas besoin qu'il l'y ait expressé-
ment autorisé. Le créancier qui veut s'assurer une situation privilégiée reste toujours libre, tant qu'aucun des autres
n'a demandé la répartition proportionnelle, d'intenter l'action de *peculio* : c'est une différence avec notre droit commercial, mais, comme pour être avantagé, on s'exposait
à ne rien avoir, il est probable qu'en fait on ne recourait
guère à ce procédé.

Comment les choses se passaient-elles ? Probablement de
la manière suivante. Les créanciers s'adressaient au préteur
pour lui demander d'obliger le maître à leur partager le
pécule au prorata de leurs créances. Le préteur statuant
extra ordinem, commettait le maître ou, en cas de refus
de celui-ci, un arbitre aux soins du partage. Le refus
du maître entraînait pour lui la perte de ses propres
créances sur le pécule. Le partage, à la différence de

notre droit, se fait en principe en nature ; comme
la faillite ne fait pas échoir le terme, les créanciers sont
obligés de promettre avec adjonction de caution de rapporter
les biens qu'ils ont reçus, lorsque les créanciers à terme
ou sous condition seront devenus créanciers purs et simples.
Si l'esclave avait deux établissements de commerce, on pro-
cède séparément pour chacun d'eux ; si, sans avoir deux établissements, il faisait deux commerces distincts, on di-
vise son pécule en deux parts, dont chacune est uniquement
affectée aux créanciers à raison de chaque genre de commerce. Enfin, si dans la répartition, le maître a commis un dol
ou une faute lourde, il sera passible de l'action *tributoria*,
qui n'est pas infamante, et par laquelle il est obligé d'indemniser le créancier du préjudice que celui-ci a souffert.

TABLE DES MATIÈRES

BERTRAND D'ARGENTRÉ

SES DOCTRINES JURIDIQUES
ET LEUR INFLUENCE

BERTRAND D'ARGENTRÉ

SES DOCTRINES JURIDIQUES
ET LEUR INFLUENCE

OUVRAGES CONSULTÉS

DEROME, *Notice sur Bertrand d'Argentré.*

GESLIN DE BOURGOGNE et de BARTHÉLEMY, *Anciens évêchés de Bretagne*, tome I.

HÉVIN, *Notes sur les arrêts de M. Frain.*

DE LA BORDERIE, *Archives du bibliophile breton*, tome III.

LAINÉ, *Introduction à l'étude du droit international privé.*

LAURENT, *le droit civil international*, tome I.

LEVOT, *Biographie bretonne.*

AUBÉPIN, *de l'influence de Dumoulin sur la législation française, (revue de Législation*, tome XLVI).

MIORCEC DE KERDANET, *Histoire de Bertrand d'Argentré.*

HARDOUIN. *La réformation des coutumes en Bretagne.* (Mémoires de la Société archéologique du Finistère, 1882).

PARIS-JALLOBERT, *Journal historique de Vitré.*

PLANIOL, *l'Assise au Comte Geoffroy (Nouvelle revue historique de Droit, 1887).*

— *Les appropriances par bannies dans l'ancienne province de Bretagne.* id., 1890).

RODIÈRE, *les grands Jurisconsultes.*

HELLO, *Etudes sur Dumoulin (revue de législation*, tome X).

Toutes nos citations se rapportent à l'édition de 1613, comprenant deux parties ayant chacune leur pagination distincte, la première renfermant les *commentaires*, la seconde *l'Aitiolo-gie*. Cette édition est la séconde des œuvres complètes : la première fut publiée en 1608 : l'édition de 1613 fut suivie de cinq autres (1621, 1628, 1646, 1660 et 1664). L'*Aitiologie* eut de plus quatre éditions distinctes. Enfin, outre les divers ouvrages de droit qu'il publia de son vivant, il faut encore citer la publication en 1605 des traités du mariage, des bâtards, des successions et des lods et ventes, tous fragments du grand ouvrage dont les œuvres complètes ont reconstitué l'ensemble.

BERTRAND D'ARGENTRÉ

SES DOCTRINES JURIDIQUES
ET LEUR INFLUENCE

CHAPITRE I

VIE DE BERTRAND D'ARGENTRÉ

Longtemps rêvée par nos rois, poursuivie par eux avec persévérance, un moment opérée par Charles V qui compromit son œuvre en voulant trop tôt la réaliser, la réunion de la Bretagne à la France était au milieu du XVI⁰ siècle un fait accompli. Depuis 1532, c'était de son propre chef, et non plus du chef de sa femme, comme mari ou comme légataire, que le roi de France mettait sur son front la couronne ducale. L'union était faite, l'assimilation restait à faire. Le roi avait bien quelque influence sur les grands seigneurs qu'il voyait de temps en temps à sa cour ; mais, vis-à-vis de la grande masse des gentilshommes qui ne quittaient même pas leurs terres pour aller servir dans ses armées, il se trouvait dépourvu de tout moyen d'action, et cependant pour modifier directement, par voie législative, les coutumes et les usages de ses nouveaux sujets, il ne pouvait se passer de leur concours. On pouvait, il est vrai, tourner en les interprétant beaucoup de ces vieux usages, et l'habileté juridique des légistes n'avait, semble-t-il, qu'à cultiver les germes de ressemblance que la profonde influence des coutumes angevine et normande avait fait éclore au sein du droit breton avec le droit coutumier des autres provinces de France pour mener à bien le beau plan d'uniformité esquissé par du Moulin. La coutume de Bretagne avait été rédigée officiellement en 1539 par des magistrats presque tous d'origine française, très au courant de la pratique, déclare d'Argentré (col. 616) *multum in causis versati*, mais trop ignorants de l'histoire de Bretagne, et surtout trop pressés de toucher leurs gages pour avoir fait une œuvre durable. C'est ce que leur reproche amèrement leur commentateur, qui parle à chaque instant de leur ineptie (col. 804), de leur intolérable légèreté (col. 755), de leur ignorance des principes du droit (col. 2084) ; ici, dit-il, ils ont montré qu'ils n'étaient pas jurisconsultes (col. 629) ; ailleurs (col. 2124), il leur reproche d'avoir légiféré pour ainsi dire le pied à l'étrier. Aussi leur œuvre hâtive, incomplète, et qui dès le début n'avait pas été mise au point, ne devait pas vivre longtemps. De tous côtés, on en demandait la réforme. Sur ce champ de bataille, entre le vieil esprit féodal et l'esprit nouveau, dont l'influence s'était déjà fait sentir dans les écrits de nombreux jurisconsultes, la lutte promettait d'être vive. Le poids d'un grand esprit fit incliner la balance, et, grâce à Bertrand d'Argentré, ce fut le vieux droit breton qui subsista.

Il était né le 19 mai 1519 à Vitré, sur cette frontière de la Bretagne d'où ses ancêtres avaient si souvent chassé les

Français à coups d'épée. Sa famille, une des plus anciennes de Bretagne, remontait aux premières années du XIIe siècle. Son père, Pierre d'Argentré, le premier aîné de la famille qui eût laissé l'épée pour la robe du magistrat, après avoir été successivement sénéchal de la Roche-Bernard (1513), de Châtillon (1517), de Quintin (1517), de Chévré (1520), terres qui appartenaient alors aux seigneurs de Vitré, était en 1526 sénéchal de Rennes, la plus grande sénéchaussée de toute la province. C'était presque un Français, car il s'était résigné de fort bonne grâce à l'Union, convaincu, semble-t-il, que le roi de France ne laisserait jamais en paix la Bretagne tant que son indépendance constituerait pour lui une menace permanente. Chargé en 1539 de rédiger officiellement la Coutume de Bretagne, la maladie l'avait malheureusement empêché d'y donner ses soins ; et comme il était parmi les commissaires le seul magistrat breton, le travail s'était ressenti de son absence. Il était donc fort bien vu de la cour, et lors du passage du roi à Rennes, il avait eu, à diverses reprises, mission de le complimenter. Il était moins bien avec le clergé, dont il avait voulu restreindre les priviléges de juridiction, fort irrité de voir qu'on ne poursuivait pas les clercs à propos de crimes pour lesquels il châtiait les laïques ; l'évêque de Rennes l'avait poursuivi de ses anathèmes, et le clergé, nous dit son fils, lui en voulait presque autant qu'autrefois à Pierre Mauclerc. Malgré tout, Pierre d'Argentré laissait en mourant à son fils une belle situation.

Le jeune Bertrand, alors âgé de vingt-neuf ans, annonçait déjà les plus brillantes dispositions. Elevé d'abord au collège d'Orléans, puis à celui de Poitiers, il n'avait pas, comme tant d'autres étudiants de ces deux établissements célèbres, dissipé en promenades tapageuses le temps réservé à l'étude. A 22 ans, en 1541, il rédigeait en latin une histoire de Bretagne. Sénéchal de Vitré à la même époque, (il l'était encore en 1547), avocat à Rennes, il trouvait près de son père une habile direction. « Il me semblait, dit-il, dans un élan de respectueuse affection, que tant qu'il vivait avec nous, nulle difficulté, nul événement ne pourraient m'embarrasser. » A la mort de son père (1548), il lui succéda au poste de sénéchal de Rennes, et quand la sénéchaussée fut érigée en présidial (1551), il en devint le président et cumula les deux charges jusqu'au jour ou la sé́néchaussée fut détachée du présidial pour former un tribunal inférieur. Magistrat, il a fait de la magistrature un bel éloge. « Les armes, dit-il, (col. 2247) assurent la justice, et la justice tient l'Etat en paix, sans laquelle les armes de soi ne sont que force, violence et brigandage. Toutefois, ajoute-t-il mélancoliquement, les armes ont emporté l'honneur du premier degré tant qu'elles ont trouvé rois, chefs ou empereurs, non appris ni institués aux lettres. S'ils ont été autres, les uns ont préféré l'état servant à la manutention politique mêlé d'instructions et préceptes de disciplines et de philosophie. Et pour ce qu'il s'en est trop plus trouvé de illettrés et ignorants qu'autres, le plus emporte et en ce parti-là duquel se sont rangés nos rois pour les honneurs et prérogatives des armes, et les degrés et magistrats qui en sont l'ont emporté par-dessus l'autre. » Il est plein de respect pour les magistrats de son temps, pour ces ruraux qu'il nous dépeint, comme jadis les vieux Romains au temps de Cincinnatus, ayant à la campagne leur femme et leurs enfants, tout leur train et toute leur maison. Aussi approuve-t-il toutes les mesures qui ont pour but de relever leur prestige, par exemple, l'interdiction du prêt à intérêt, *ut turpe et indignum ;* aussi s'élève-t-il avec violence contre les mesures de nature à y porter atteinte. Il faut l'entendre tonner contre la vénalité des offices. Passe encore pour ceux des finances, pour les gabelles; il ne s'oppose pas à ce qu'on les mette à l'encan, il est même d'avis qu'on doit les compter dans la succession de leur possesseur, non pour le prix qu'ils ont coûté, mais pour leur valeur vénale au moment où s'ouvre cette succession. Mais qu'on se soit avisé de vendre les charges, *officia et magistratus,* de juges et de conseillers, voilà ce qu'on n'avait pas vu avant son époque, *hœc miseranda œtas.* Ce qu'il y a de plus grave, c'est que l'on commence à ne plus s'en étonner comme autrefois, et que l'on a cessé dans les cours de justice d'exiger des nouveaux officiers le serment *de gratuitis initionibus officiorum.* On a même vu cette vénalité reconnue dans un édit de pacification, *ut id quoque lege et publicum esset peccatum* (col. 1941). Il revient encore avec passion dans l'*Aitiologie* sur cette question qui lui tient si fort à cœur (Art. 425) : « Etsi vænalia sunt omnia cujuscumque functionis sint, tamen præsumpsere ex ordinibus optimus quisque non semper fore, et prostitutionis quandoque fore pœnitentiam, itaque de vænalibus expressere; nec conveniebat bonos viros et præstantissimi principatus cætum tacitas comprobatione nomen dare qualibet recepto probro. Ego nusquam cesserim quamlibet depravato seculo nec auctoritate addiderim calculum improbo per se mercimonio, nec pecuniam in talia collocatam aut extare dici debere aut conferri, cujus consumptæ ratio reposci non debet à marito qui mercem non est intelligendus mercatus ut equum aut vile aliquod frivolum, sed eximii laboris honorarium, etsi pretio assecutus, cum aliter per improbitatem seculi non posset, nec pecunia repræsentari per officium, quod per se nihil reddit, nisi quantum labore et industria personœ quisque in diem consequatur, sæpe etiam pravis exactionibus et lancinationibus decuratum, cum uxor nihil in eum laborem conferat; quare quod consumptum est in tales emptiones male extare dicitur, quod dum facimus, probamus flagitium. »

Quant à sa charge en particulier, il l'avait en très haute estime, et, pour lui conserver tout son éclat, il soutint contre le parlement de Rennes à propos des compétences respectives du parlement et du présidial, des luttes homériques où, mandé à la barre, tancé d'importance, semoncé vertement, il put être condamné, il ne fut pas diminué. Il ne tarda pas à prendre sa revanche, en restant à son poste lors de la peste de 1582, tandis que le parlement entier fuyait Rennes ; et le parlement ne sut en tirer que cette vengeance mesquine, de défendre, orsqu'un avocat le citait dans une plaidoirie, de lui donner le titre de Monsieur.

En ce siècle orageux, qu'il appelle quelque part un siècle de fer, un triste siècle, une époque insensée, *insanum tempus,* où l'on a tellement pris l'habitude du malheur qu'on peut à peine croire à l'existence de l'âge d'or, on avait grand besoin d'hommes énergiques. Celui qui ne fuyait pas devant l'épidémie ne devait pas reculer devant les factieux. Catholique convaincu, ennemi déclaré des hérétiques dont il dit (col. 1941) qu'ils ont troublé l'univers

de leurs agitations (*orbem dissidiis miscuere*), et de l'héré-
sie qu'il appelle « vraie ruine des Etats, source de ré-
bellion contre les princes, perte des bonnes mœurs et anéan-
tissement de l'économie des familles, » il était bien décidé
à ne pas laisser libre carrière à la propagande protestante.
En 1559, il écrivait au duc d'Etampes qu'il avait fait pu-
blier l'édit qui défendait d'assister aux sermons de la secte,
« et ne suis si peureux, ajoutait-il, qu'ayant la raison pour
moi, je ne le témoigne au milieu de leur compagnie en
termes assez signifiants. » Mais son rôle était loin d'être
facile, obligé qu'il était de maintenir l'ordre contre les
convoitises des uns et le zèle souvent intempestif des
autres. Un jour, c'était l'abbé de Bonrepos auquel on refusait de payer les dîmes accoutumées et que d'Argentré main-
tenait dans la jouissance de ses droits ; le lendemain, c'était
un prédicateur qui échauffait les catholiques contre leurs
adversaires, et qu'il n'hésitait pas, pour maintenir la tran-
quillité publique, à envoyer réfléchir en prison ; puis c'était
la royauté qui profitait de la situation de l'Eglise de France
pour augmenter sa part dans les impôts, et c'était encore
d'Argentré qui était chargé de vendre la portion des biens
que le clergé avait affectée au paiement de cette contribution extraordinaire. Pour manœuvrer sans périr entre tant
d'écueils, il fallut au sénéchal de Rennes, à défaut d'une
habileté que ne comportait pas son caractère tout d'une pièce,
le prestige plus grand peut-être de la plus ferme impartialité.

Une charge qui comportait de si multiples fonctions
judiciaires et politiques eut suffi aisément à occuper
un homme ordinaire ; mais d'Argentré, tout en met-
tant au premier rang l'accomplissement des devoirs de

sa charge, car c'est, dit-il, « par l'action que le mérite arrive
à la gloire, » ne laissait pas que de trouver du temps pour
la littérature, « le plus honorable des délassements. »
Collectionneur ardent, bibliophile érudit, il parcourait la
Bretagne en tous sens, visitant ses paysages, réunissant des
manuscrits, des pièces d'archives. Affable et magnifique
de relations, cet homme du monde consommé aimait à recevoir souvent ses nombreux amis sous son toit élégant, à
sa table somptueuse. La variété de ses connaissances est
étonnante : il cite fréquemment Platon et Aristote, les historiens latins lui sont familiers, le droit romain, le droit
canon, le droit coutumier des diverses provinces de la
France et de l'Italie, les jurisconsultes de tous les pays lui
fournissent sur chaque question une ample et surabondante
moisson de références. Les sciences exactes ne lui sont pas
non plus étrangères : elles lui fournissent même souvent
des sujets de comparaison, les lignes parallèles qui ne se
rencontrent jamais, les antipodes, la déclinaison des atomes
lui servent à justifier sa théorie qu'en cas d'extinction des
parents d'une ligne les biens de cette ligne ne passent pas
aux héritiers de l'autre ligne (col., 1778-79). Il cite ailleurs
à deux reprises (col. 1725 et 2180) ces propositions al-
gébriques, que deux quantités égales à une troisième sont
égales entre elles, et que si de deux nombres égaux on re-
tranche à chacun une quantité égale, l'égalité subsistera.
Tout en menant de front ces études si diverses, il trouve
encore le temps de donner de nombreuses consultations, dont
nous retrouvons à chaque instant la trace dans ses œuvres (1)
et dont les six consultations qui nous restent ne sont que des

(1) Col. 1311, 1416, 1449, 1620, 1680, 1709, 1731, 2017, 2147.

épaves ; et cela non-seulement à des Bretons, mais encore à des Manceaux, à des Angevins et jusqu'à des gens du pays de Caux.

Tout ce travail aboutit à deux grandes œuvres, auxquelles le nom de d'Argentré est demeuré attaché : ce sont *l'histoire de Bretagne*, et les *Commentaires* sur la coutume de cette province.

L'histoire de Bretagne, qui parut en 1582 et qui avait été demandée à l'auteur par les Etats de la province, est l'œuvre d'un patriote encore plus que d'un historien. Il manquait à d'Argentré, pour faire une œuvre scientifique, et le calme de l'érudit qui se plie volontiers aux longues et patientes recherches, et le sens critique qui le préserve des erreurs. Les pièces fausses pullulent, les fables fourmillent dans le travail de d'Argentré. Comme presque tous les historiens de son époque, il ne s'est pas gêné pour habiller à la moderne les héros de son histoire, et le fabuleux Conan, le conquérant brutal dont la légende avait fixé les traits, devient sous sa plume l'organisateur du régime politique et social de son pays, le créateur de ses tribunaux et l'organisateur de sa féodalité territoriale. Mais ce qui fait vivre ce volume, ce qui explique que les Etats de Bretagne lui aient alloué 6000 livres de gratification, c'est le souffle ardent de patriotisme qui l'anime d'un bout à l'autre, et va jusqu'à rabaisser la plupart des rois de France pour élever sur leur piédestal une statue aux ducs bretons.

Les commentaires sur la coutume de Bretagne ne sont pas comme *l'Histoire*, un délassement momentané ; ils remplissent la vie entière de d'Argentré. Après avoir dit le droit aux parties comme avocat ou comme juge, il lui sembla utile de faire profiter tout le monde de son expérience et de parler pour ainsi dire *ex cathedra*. Avant même qu'il eût rien donné au public, sa réputation de juriste était telle que du Moulin faisait de lui un éloge très flatteur. Il publia en 1568 un commentaire des trois premiers livres de la coutume (les justices, les droits du prince et les procureurs), en 1570, sa consultation sur les partages des nobles, en 1576, son commentaire sur le titre des appropriances, en 1584, son commentaire sur le titre des donations. Sur tous les autres titres il avait accumulé un grand nombre de notes, certains de ces commentaires, celui sur les fiefs, par exemple, et celui sur les mineurs étaient terminés dès 1576 ; ne les trouva-t-il pas dignes d'être livrés dès ce moment à l'impression, et quand fut survenue la réformation de la Coutume, jugea-t-il nécessaire de les revoir pour les mettre au courant et n'eut-il pas le temps d'achever cette révision ; toujours est-il que les commentaires sur l'ensemble de la Coutume ainsi que le traité des ventes, *tractatus de laudimiis*, ne furent publiés qu'après sa mort, par les soins de son fils, en 1608.

Au fur et à mesure que paraissaient ses livres, la réputation de d'Argentré allait en grandissant. Le roi Charles IX se trouvant en 1570 de passage à Châteaubriant, le manda près de lui, le nomma son pensionnaire, et lui offrit une place de maître des requêtes du palais. D'Argentré aimait bien Paris où il avait été envoyé à trois reprises pour étudier dans les archives de la Chambre du Trésor les origines du franc-fief, et qu'il appelle quelque part la patrie de l'intelligence et les délices de la terre, mais il aimait encore mieux la Bretagne, et il refusa.

La Bretagne lui sut gré de son refus, et, quand il fut question de réformer la coutume, ce fut sur la demande, sur le vœu unanime de toute la province que le roi le désigna comme l'un des commissaires chargés d'y procéder. Nous verrons plus loin quelle fut dans ce travail de réformation terminé en 1580, et dont il a écrit, sous le titre d'*Aitiologie* (1584), l'histoire en quelque sorte journalière, l'importance de son rôle et combien justement l'on peut dire avec un de ses panégyristes, qu'il en fut *prœcipuus actor et fundus.*

Jusqu'aux dernières années du XVIe siècle, la Bretagne quoiqu'entamée par la propagande protestante, n'avait point eu part aux guerres de religion. L'année 1589 vit naître pour elle l'ère des guerres civiles. Son gouverneur, le duc de Mercœur, de la maison de Lorraine, avait à venger le meurtre de ses parents, peut-être même à faire valoir les prétentions de sa femme à la couronne de Bretagne, à préserver en tous cas de la souveraineté d'un roi hérétique une province restée en majeure partie fidèle à la religion de ses pères. Catholique et Breton, d'Argentré avait sa place tout indiquée dans les rangs de la Ligue ; mais sa situation devint très difficile lorsque Rennes, tombée d'abord aux mains des ligueurs, eût été reprise par les royalistes. A la tête de ceux-ci se trouvait un ennemi personnel de d'Argentré, Guy Meneust, anobli de fraîche date et flatteur de la cour. Chaque jour, c'était chez le vieux magistrat des visites domiciliaires ; puis, quand on vit que les tracasseries ne suffisaient pas à lui faire quitter la ville, on employa la violence : on déchaîna contre lui les fureurs populaires, son hôtel fut pillé, saccagé de fond en comble. Force lui fut alors de quitter Rennes et de se retirer dans le voisinage, au château de Tizé : c'est là qu'il mourut deux mois après, le 13 février 1590, à l'âge de 70 ans. Il avait combattu toute sa vie pour la Bretagne ; il mourait pour elle, on peut le dire, les armes à la main.

Telle fut la carrière de cet historien de talent, de ce savant jurisconsulte, qui fut surtout un patriote et un polémiste de génie. A voir sa haute taille, ses yeux bruns, vifs et perçants, l'éternelle jeunesse de sa barbe et de ses cheveux toujours noirs, on sentait l'homme taillé pour la lutte et qui, sur un point de la France, saisit corps à corps l'esprit du siècle et le fit reculer. Le xviie siècle fut injuste pour lui ; Hévin, non content de lui reprocher ses erreurs historiques, ne craignit pas d'affirmer qu'il n'avait eu en vue dans ses théories juridiques que ses intérêts particuliers, et que lorsqu'il s'était trouvé en faute, il avait par entêtement et par amour-propre, fermé sciemment les yeux à la vérité. Ces imputations calomnieuses, absolument démenties par les faits, n'ont pas prévalu, et c'est la loyauté de d'Argentré aujourd'hui reconnue de tous qui rend si intéressante l'étude de son œuvre.

CHAPITRE II

LE PATRIOTISME DE D'ARGENTRÉ : SES IDÉES SUR LE
DROIT ROMAIN ET LES STATUTS

Ce qui caractérise d'Argentré, dans ce XVIe siècle si fécond
en novateurs de tous genres, ce sont les tendances essen-
tiellement conservatrices de son esprit. Pour lui, une chose
qui a longtemps vécu a par là même prouvé qu'elle a le
droit de continuer à vivre. Le temps consacre les faits
accomplis et les transforme en droits. Est-ce le patriotisme
du Breton qui lui a dicté cette théorie générale, ou n'en
est-il qu'une résultante, une manifestation, toujours est-il
que nulle n'est plus éclatante et plus vivace.

La Bretagne a jadis été indépendante : la part de liberté
qu'elle a aliénée est la mesure des droits que le roi de
France a sur elle ; le droit qui a été fait à son usage doit
continuer à la régir. « Principes Franci, dit-il, cum in ducatum successerunt, non meliori jure successisse putandi
sunt quam quod veteres ipsi duces habuere, non alio, non
graviori, si quidem legibus teneri se patiuntur. Nec si quid
aliquando Francia diversum habuit, ullo jure produci po-
tuit ad ducatum, cum sit adjunctus et unitus regno ut moribus et legibus suis uteretur, in jure præsertim privato-
rum singulari. Britannia quidem non ex deditione regibus

manum dedit, sed matrimonio principis mulieris, æquis legibus et salva majestate, legibusque et moribus principatus
in regiam transducta est. Utantur Franci suis francis feudis
si libet : hæc jura nos non tenent, diversis utimur (1). »
Elles sont d'ailleurs bien peu faites pour inspirer l'ad
miration, ces lois françaises que l'on voudrait nous imposer
et qui changent à chaque instant. Voyez, par exemple, les
changements continuels apportés par les ordonnances à la
compétence des juges en cas de délit ; voyez surtout l'exécution des jugements par provision : Charles VIII déclare
qu'il n'y aura à jouir de cette faveur que ceux rendus par
les juges royaux, François Ier que ceux signés de quatre
avocats et ne dépassant pas 40e , Charles IX abaisse ce
taux à 20e . C'est bien la peine de tant légiférer pour ne
savoir où se fixer ; l'incertitude, voilà le seul fruit de cette
libido legislationis (2). Conclusion nette et énergique (3).
« Sua habeant Franci, nos jura patria retineamus. »

De là vient son animosité contre ces magistrats français
dont la politique centraliste a rempli les tribunaux bretons,
contre ces étrangers qu'on appelle plus agréablement « non
originaires du pays » (4) « merveilleusement hardis et volontaires à censurer la vénérable antiquité et mépriser le
sens de l'ancien, » contre ces arbres si souvent replantés
qu'ils ne prennent racine nulle part, tant il y en a qui n'y
sont entrés « pour autre intention que pour en sortir » (5),
« qui ex suo sensu et vernaculo suo jure aliena instituta

(1) Col. 1502.
(2) Col 581.
(3) Col. 1927.
(4) Col. 2152.
(5) Col. 2154.

æstimant » (1). « Cujus argumenti novitas, dit-il encore (2), et insolens tractatio externos homines qui se rebus judicandis applicant, tam sæpe perturbare solet, ut cum vim et potestatem antiqui moris non intelligant, usum etiam et auctoritatem obtinere vix quantum quidem in se est patiantur. »

De là vient aussi son antipathie pour les législations étrangères, dont l'influence porterait une grave atteinte à l'autonomie du droit breton, contre le *liber feudorum*, et surtout contre le droit romain. Le droit romain, voilà l'ennemi. S'il triomphe, c'est l'unité de législation qui s'accomplit d'un bout à l'autre de la France, et cela sur les ruines du régime social sous lequel la Bretagne a vécu pendant six siècles. Aussi c'est contre lui qu'il concentre tous ses efforts, et il faut que Perchambault l'ait lu avec une grande inattention pour avoir affirmé que le droit romain était son unique règle. Sans doute d'Argentré ne méconnaît pas la valeur scientifique de ce droit, il regrette même que la coutume n'en ait pas souvent reproduit purement et simplement les dispositions (titres III et VIII, art. 192 et 226), ou ne s'en soit pas inspirée (art. 528). Mais cet esprit pratique et droit, ennemi de la chicane, ami de la justice expéditive, a bien des reproches à lui adresser. Il parle sur un ton narquois de cette « *admirabilis jurisprudentia juris Romani, ad cujus mentionem tantopere stupemus* (3), » et qui au fond est rempli de subtilités. Il faut l'entendre parler de ce *fumosus fomes*

(1) Col. 875.
(2) Col. 870.
(3) Col. 666.

de ces *mera theoremata*, de ce droit processif et condamnable, de la forêt des legs et des fidéicommis, du gouffre des quartes, des disputes et des hésitations des jurisconsultes, des solennités si multipliées de la procédure qu'on se demande comment on pouvait arriver à punir un coupable ou à mettre un demandeur en possession de ce qui lui appartenait, de toutes ces théories enfin, enfantées par des cerveaux oisifs et qui n'ont servi qu'à tracasser les hommes. Si l'on peut se passer de l'ivraie, pourquoi en semer dans nos champs, sous prétexte de donner de l'ouvrage aux moissonneurs (1). Il est bien étonnant que des hommes qui ont passé pour sages se soient ainsi moqué de nous en entassant des conceptions qui prêtent à rire, même aux enfants (2). Tout le monde a entendu parler de leurs vastes compilations touchant les quartes *Falcidie*, *Trebellienne*, *Pégasienne*, tout le monde connaît, tout le monde se rappelle *acutas, rixosas, et salebriores istas disputationes*, la vie d'un homme ne suffit pas pour les apprendre, on y perd sa jeunesse et on s'y fatigue inutilement l'intelligence. C'est une vraie croix pour les bons esprits qui n'aiment pas à couper un cheveu en quatre et auxquels déplaisent ces controverses subtiles, véritable nid à procès (3).

Ce n'est pas tout, ce droit si compliqué, si souvent contraire à la nature des choses (est-il rien de moins rationnel que l'*exceptio non numeratæ pecuniæ*) est encore absolument contraire aux principes qui régissent le droit coutu-

(1) Col. 1583.
(2) Col. 666.
(3) Col. 1030.

mier, de sorte que ceux qui aujourd'hui plaident sans connaître les usages, appuyés uniquement sur les théories du Digeste, font comme le peintre qui plaçait une tête d'homme sur un cou de cheval. Ce droit a sans doute régné longtemps en maître, et nul peuple, dit Lucrèce, n'osait lever les yeux contre lui : « Sed vero tandem aliquando ausæ, sic denique illud protrivere nationes ut pudeat prudentes homines tam diuturnæ operæ in discendis talibus collocatæ (1). » Que l'on cesse donc de nous parler de lois faites par Rome pour régir le monde entier (2). Ce droit a longtemps tenu les royaumes et les provinces sous le coup de son autorité, mais il a bien fallu reconnaître qu'à le trop étudier on tombait dans la chicane pure ; et il ne peut en être autrement puisqu'il n'est pas d'opinion, si absurde soit-elle, à l'appui de laquelle on ne puisse citer l'opinion d'un auteur. Ces théories ne nous sont pas révélées par le sens commun ou par un raisonnement logique, ce sont caprices d'un législateur quelconque, émanés de sa volonté, et non de la raison, leur antiquité et la réputation des auteurs sont leur seule défense ; car en eux-mêmes ils ne peuvent que servir à former et à développer des controverses auxquelles le genre humain n'est déjà que trop porté (4).

Pour ne pas insister sur les autres reproches qu'on peut lui faire, mentionnons seulement en passant sa dureté. « Illo jure de servo, de filio ad necem statuere licuit, uxorem concidere et necare, et quidem nexum debitorem discerpere,

(1) Col. 667.
(2) Col. 765.
(3) Col. 870.
(4) Col 1031.

si non solvebat. Hic quod negari nequit rerum et bonorum
respectus nimius, si quidem hominis necandi causa
sunt (1). »

Quel que soit donc le grand nombre de sages dispositions
que renfermait ce droit, les peuples modernes ont bien fait
d'en abroger et par conséquent d'en condamner la plus
grande partie : « Cur aliter favendum gentes quæque pu-
taverint nunc ratiocinari non libet, etsi abunde erat unde
planum fieri posset parum in rebus vidisse qui olim dete-
riora probarunt pro jure (2) » Il ne peut y avoir que des
hommes peu au courant du gouvernement d'un Etat et *in
senticosi juris admiratione defixi*, pour vouloir faire dépen-
dre « rerum arbitrium a suo jure et judiciis, ne illud liceat
usquam quod in campo Martio non licet. »

Mais il faut toujours veiller, car l'ennemi est aux portes, sous la figure de ces docteurs, *scholastici scriptores*,
qui « usu et experimentis defecti docere instituunt, docendi ipsi potius, cum talia (il s'agit de l'exécution des sentences) nulla cujusquam scriptio recte doceat, sed pul-
vere opertà tribunalibus retegantur (3), « et qui, tenero ab
ætate istis insueti, sic se illo jure proluere, ut sine illo stare
putarent posse nihil, nihil item quod aliud esset responsum
Romæ ab Javoleno (4). » Puisque ce droit est mort, et que
sa mort est un bonheur, on ne saurait approuver leurs travaux, qui ramènent au jour des théories que l'ombre la plus
épaisse devrait couvrir. Qu'on n'enseigne aux enfants qui

(1) Col. 1030.
(2) Col. 765.
(3) Col. 579.
(4) Col. 667.

n'ont rien de mieux à faire, passe encore, mais qu'on ne le remette pas en vigueu . « nam ista suscitare, est iterum Erynnim ciere ab inferis (1). »

Ainsi donc, Bretons, vous « la plus vaillante nation du monde, dont le nom seul fit trembler tout l'univers, à ce point qu'il fallait à tout soldat qui voulait se faire croire vaillant se dire breton » vous qui « vous seigneurisiez déjà chez vous quand la France n'avait encore coches ni tailles, » restez fidèles au droit national. Voici par exemple le titre des appropriances : « Nil sanctius, nil prudentius a majoribus repertum ; nulla cautio utilior ad commercia stabilienda, aut lites, id est mortalium crucem, aut finiendas aut præfocandas ; nulla hic quæstio referri, nulla cavillatio, nulla pretii iniquitas objici potest, tam sacrosancta est moris auctoritas. Quid est igitur quod homines novos vetustus mos perturbet, præsertim cum novi absimile exemplum usurpetur regno , aut quæ ratio vehementior dici potest, quam cum legibus sua autoritas et ex his acquirentibus publica securitas constat ? Quo magis sapientes homines quibus reipublicæ nostræ et patrii juris cura est, eniti convenit, ista ut constanter et obfirmate retineant ac tueantur neque sibi unquam avelli tam salutare majorum inventum patiantur. »

C'est encore le patriotisme qui fournit l'explication de la célèbre théorie de d'Argentré (2) sur les statuts. Une fois, en effet, que la loi bretonne était prémunie contre

(1) Col. 870. Voir encore col. 1777, 1792, 1903 1957.

(2) Les développements que M. Lainé a donnés à cette question dans son *Introduction à l'étude du droit international privé* ne nous ayant rien laissé à ajouter, nous nous sommes borné à les résumer ici.

l'invasion d'éléments étrangers, il fallait assurer sur le territoire breton la prédominance du droit national. Pendant longtemps, on n'avait appliqué dans un pays que les usages de ce pays : la terre donnait tous les droits, elle imposait toutes les charges, il semblait naturel qu'elle seule fît la loi. Les jurisconsultes italiens, sans s'astreindre à une règle fixe, firent de nombreuses brèches au principe de la territorialité stricte ; quand un cas nouveau se présentait, contrat, délit, donation, succession, on l'examinait en lui-même, et l'on s'efforçait de donner une solution rationnelle au conflit de lois qu'il révélait. D'Argentré vit le péril ; il était trop tard pour faire front sur toute la ligne ; par un savant détour, il sut faire une fois pour toutes la part du feu. Il pose en principe que les statuts ne peuvent être que réels ou personnels, réels s'ils ont trait principalement à la condition des biens ; personnels s'ils ont trait principalement à la condition des personnes. Plus de distinctions, par conséquent, entre la procédure et le fond du droit, entre les testaments et les donations, entre la substance et l'exécution des actes, plus de divisions, plus de subdivisions, plus rien de ce qui peut ressembler de près ou de loin à de la subtilité. Au lieu d'une doctrine incertaine et flottante, d'Argentré établit une division claire, rigoureuse, et bien faite, par conséquent, pour séduire l'esprit classique des Français, beaucoup plus rationnelle en tous cas que la règle purement grammaticale qu'il prête, fort gratuitement d'ailleurs, à Bartole. Désormais la marche de l'ennemi est arrêtée, il ne pourra plus gagner de terrain.

Pour justifier sa théorie, que la réalité est la règle, d'Argentré fait remarquer que les coutumes s'étant formées lorsque les peuples étaient indépendants, la loi ne peut s'appliquer au-delà des limites territoriales où s'étendait la compétence du législateur qui l'a édictée : le magistrat romain lui-même était incompétent en dehors des limites de sa juridiction.

Mais, comme il faut toujours respecter la justice et ne pas faire violence à la nature des choses, il admet que tout ce qui peut se déplacer échappe à la territorialité et par conséquent que tout ce qui appartient à l'essence de l'homme, la majorité par exemple, le suivant partout où il va, ne saurait être régi par la loi territoriale. Il y a donc des statuts personnels : ce sont ceux qui règlent l'état général des personnes : par cette définition, d'Argentré exclut tous les statuts qui, sur un point particulier, modifient la capacité des personnes. De plus, tout statut qui touche d'une manière quelconque aux immeubles ne saurait être un statut personnel, c'est plutôt un statut mixte. C'est ici qu'apparaît dans tout son éclat la dextérité juridique de d'Argentré. La jurisprudence de son temps avait soustrait à l'empire de la loi territoriale bon nombre de ces statuts qu'il appelle mixtes : aller formellement à l'encontre était impossible, aussi se borne-t-il à dire que ce ne sont pas des statuts personnels. S'il fait triompher sa division générale, si tous les statuts sont réels ou personnels et si la réalité est la règle, il lui suffira d'avoir dénié aux statuts mixtes le caractère personnel pour les faire rentrer tout naturellement dans la classe des statuts réels.

CHAPITRE III

SES IDÉES SUR LE DROIT ET LA JUSTICE

L'idée, où pour mieux dire l'impression que l'on retrouve
à la base de toutes les théories de d'Argentré, c'est l'hor-
reur du changement, la haine des bouleversements, et par
conséquent le respect des droits acquis. On connaît, dit-il,
cette parole d'Aristote : « Il faut supporter les vieilles
lois, même s'il en résulte quelque gêne, plutôt que d'in-
nover (1). J'ai été et serai toute ma vie d'avis, dit-il encore (2), qu'on ne change jamais rien ou bien si peu qu'on
pourra des choses bien reçues et rangées en l'expérience,
ni jamais ou si peu qu'il sera possible, voudrai disputer
contra communem, comme ils disent. » Il s'approprie
ailleurs (3) cette parole d'un ancien, que ce qui a perdu
un Etat jadis florissant, ç'a été l'arrivée d'*oratores novi,
stulti adolescentuli.* « Cur vetera subinde mutando, ver
tendo, versando, rotando, malumus insidias struere commerciis in re tam momentosa quam ea rata esse quæ ordine
et tempore semper eodem omnibus olim tribunalibus valuere, cum veterum usum indubitata observatio etiamnum
testetur novam, nec sciat pæne quisquam nec fidat repertæ.

(1) Col. 1068.
(2) Col. 2156.
(3) Col. 2158.

Hæc scilicet præclara hujus temporis sapientia est, non movenda subinde movere, de certis facere incertissima, fixa refigere, et quadrata mutare rotundis cum libeat uti præceptis et receptis. Sed o moribus antiquis res stetit Romana decusque (1). » Ce n'est pas tout : il y a quelque chose de plus dangereux encore que cette manie d'innovations législatives : dans les écoles, on discute la loi ; dans les tribunaux, on se met au-dessus d'elle (2). « Facent cela les écoliers à l'école, et les écrivains en leurs livres, cherchant réputation de doctrine et d'érudition, qui font et méditent des intellects singuliers, comme ils disent, et se mettent aux champs pour débattre en philosophie si la neige est blanche, ou en matière de police, que la guerre vaut mieux que la paix, ou en matière physique que la condition sanguine ne vaut mieux que la mélancolie noire, ou en matière de déclamation rhétorique, qu'il vaut mieux être chauve que chevelu. Venant à traiter les affaires et fortunes des hommes, c'est une très mauvaise et très pernicieuse impression, qui vient d'esprit ambitieux, ou bien du rêveur et qui se confie en son sens, et par là il advient qu'il y a toujours à redire et à refaire ; car si l'un jour casse ce que l'autre a résolu pour le meilleur, l'un prend l'endroit, l'autre choisit le revers. C'est se donner aux flots ni jamais prendre terre ; et de vrai, les effets en sont écrits sur le revers des actions qui s'en font, c'est-à-dire jeunesses, inconstances, désordres, dérèglements, brouillements, soulèvement des uns contre les autres, et, en effet, matières d'avocats, plaidoiries et toutes impatiences, et incompatibilités. Mais une est autre

(1) Col. 1220.
(2) Col. 2156.

qui est uniforme, constante et irrévocable règle d'user. Et toutefois où il se présente une unie et efficace démonstration de ce qu'il vient en controverse, entre l'écrit et l'observation reçue, il y a grande apparence de suivre malgré soi le vrai contre le faux, le naturel contre l'abusif, le droit contre l'erreur, le soleil contre la lueur terrestre. « Consequitur, » dit-il encore, « pœnas à consuetudine indictas mutari non debere, quas qui nunc orbem fatigant instabilitate judiciorum sibi permittunt crebro prætextu circumstantiarum quæ sæpe nullæ sunt, præter consuetudinis dispositionem, immutare et, ut loquuntur, alterare quod non possunt, unde mirifica consequitur judiciorum incertitudo, cum semel a præscripto defleximus (1). » Ces juges ne sont vraiment pas à leur place : qu'ils descendent de leurs sièges, ou qu'ils jugent selon la loi ; « neque enim in judicantibus illa conscientia dicenda est quæ contra leges informatur. » Le juge est souverain appréciateur du fait, mais le prononcé de la peine ne dépend pas de sa volonté, il dépend de l'autorité de la loi (2). Il est donc faux de parler de peines comminatoires, et c'est une erreur d'en mettre dans la loi ; c'est une erreur aussi de les exagérer, car c'est un prétexte pour que les juges se dispensent de les appliquer. On avait bien raison autrefois de ne les faire prononcer que sur le fait. Saint Augustin lui-même a dit qu'il n'était pas permis aux juges de critiquer les lois établies : « nec enim tantum illis creditum ut de legibus, sed id modo ut secundum leges judicent. Quare insolentis audaciæ et temeritatis plenum est eorum factum quibus, cum lex aut mos antiquus

1) Col. 125.
(2) *Ait.*, Col. 635.

objicitur, protinus in legem ipsam incurrunt, non aliter quam canes efferati in lapides incussos, nec se ei subjici patiuntur, et inquirunt an sic legem ferri oportuerit an latam obtinere. Sic prisca secula arcessunt ad suam censuram homines ambitiose vani, sic apud imperitissimum rerum tribunal cogunt sapientes avos causam dicere, et judices se ferunt prisci œvi subinde admirantes tam lusciosos fuisse proavos, ceciores interim ipsi talpis. » Il est encore plus insupportable de voir des jeunes gens frais émoulus de l'école, juger des lois, « quæ nisi usu et experimentis comparare nulla cujusquam quantalibet industria possit. » Que Platon a eu raison d'interdire à la jeunesse de son Etat de discuter sur les lois ; qu'Aristote a eu raison de dire : « Providendum est ut quam fieri possit paucissima autoritati et libidini magistratuum credantur, etsi quidam necesse est fidei et notioni judicantium quædam committere, ut videant ita sit an non sit, facta aut non facta sit res ; futura an non futura ; in iis standum judici, quia talia prævideri ab legislatore non possunt. » Car si les juges n'ont pas de règle, « in judiciis præclara ludificatione juris exercentur latrocinia, cum nullis legibus tenemur et indoctissimi cujusque patemus arbitrio, dicam an furori (1). » Dieu nous garde de « ces cerveaux contents qui n'entendent pas que l'observation et pratique est la vraie intelligence de telles choses, et font tout ainsi que ceux qui de présent mettent les articles de la foi en connaissance de cause et doutent qui fit le symbole, et où il fut fait, et s'il le faut à croire, et que c'est-à-dire *descendit ad inferos*. Mais puisque toutes lois gisent de l'écrit, et l'écrit de l'intelligence, et

____

(1) Col. 875.

l'intelligence est ce qu'il plaît à chacun cerveau sans se borner au commun sens et reçu, il s'ensuit et que les lois et l'écrit et l'intelligence sont ce qu'il plaît à chacun. Cette erreur gagne de présent presque tous cerveaux, car naturellement ils aiment leur sens, et plus qu'en siècle qui ait passé, il n'y a sage ni sot qui aussi hardiment ne condamne le sens de tout un concile ou grande assemblée d'un royaume ou d'un parlement, comme s'il avait tout leur sens en la tête, et encore meilleur qu'eux, ce qu'il faut pour condamner justement autrui (1). » Le pis est que quelquefois, ne comprenant rien à la loi, ces juges en demandent le sens aux passants et font enquêtes *de jure*. Outre que l'expérience a démontré qu'il en faut rarement faire, parce que les grands y trouvent ce qu'ils veulent, les petits y sont foulés et y sont les praticiens au vrai dire à vendre, quand juges absolus appointent qu'ils s'en enquerront, on leur demande par raison : à qui en demandera-t-on? « si sal insaluatum fuerit, etc. (2). »

Il y a là chez d'Argentré à l'égard de ses confrères en magistrature une certaine sévérité. « Flagitium est, » dit-il encore, « adjicere aut exigere quod lex non exigit; » et ailleurs : « Fama valet ad inquirendum, non ad judicandum. » Mais il faut bien se garder d'y voir une critique du personnel judiciaire d'alors. « Justa non est causa recusandi judicis ex eo quod semel aliquis in alia causa appellaverit nisi passio quædam animi in judicante detegatur. » S'il constate des fluctuations dans la jurisprudence, « hoc judicante vinces, illo alio excides, » s'il recommande aux ju-

(1) Col. 2179.
(2) Col. 2153.

ges de ne pas se mettre au-dessus de la loi, c'est pour que nul ne puisse à leur exemple se donner cette dangereuse prétention.

Aux yeux de cet homme pour lequel la stabilité est la force des sociétés, la loi est, en effet, quelque chose de fixe et d'immuable, qui domine de très haut la mobilité des passions humaines. « Rarum est, » dit-il, « sine vitio cujus-piam illapsu fieri donationes (1) ! Aut enim cujusquam odium eas elicuit, aut intemperatus et culpatus amor, aut spon-tanca donatoris profusio, aut judicii error, aut impetus immoderatus mentis, cum non recte æstimat donator quid quantumve cuique de rebus suis conferre aut debeat aut possit. Il est très rare de voir une donation qui ne soit pas *a pertubationibus infamata*, car elles sont dictées soit par un sentiment de haine pour ses héritiers, soit par un amour immodéré des femmes, ou bien il faut les attribuer à des caresses intéressées, à la fraude, *aut insita nequitia, aut talibus adjunctis*. Aussi la loi et encore mieux la cou tume ont-elles considéré qu'il leur appartenait de régler ce que pouvait donner un homme sain d'esprit et de corps. » La liberté de tester de son côté engendre la cap-tation, mais les héritiers que fait la coutume mettent en fuite ces vautours, comme l'amulette fait fuir le démon. Aujourd'hui personne n'institue ou n'exhérède, c'est la loi qui choisit, c'est la loi qui rédige le testament du défunt, elle, que les prières des captateurs trouvent insensible et inexorable; tandis que l'homme qui va mourir, épou-vanté par le souvenir de sa vie passée et la pensée de l'avenir, passe par plus d'agitations que les flots de l'Eu-

____
(1) Col. 647.

ripe n'en connurent jamais. Il conclut en faisant sienne cette phrase de la *Politique* où Aristote compare l'empire de la loi au gouvernement fixe et assuré de Dieu, et la volonté humaine aux caprices changeants de l'animal (1).

Il se rend bien compte d'ailleurs des difficultés que rencontre la rédaction d'une bonne loi. « L'établissement des règles a toujours semblé périlleux aux sages de tous les pays, car il est peu de principes si universels qu'ils ne soient sujets à des modifications, tant sont variés les avis des doctes et les faits et gestes de l'humanité... Pour juger les espèces, les principes du droit des gens et du droit naturel ont peu de force, car il n'est rien de plus fréquent, soit en droit romain, soit en droit breton, que d'y voir apporter des restrictions et des distinctions, et même de les voir mettre de côté, quand se présente tel ou tel cas particulier (2). La liberté est de droit naturel, et cependant il y a des servitudes pour les hommes comme pour les choses. Nul ne peut s'enrichir aux dépens d'autrui, et cependant l'intérêt social exige qu'il y ait des prescriptions. Aussi une contravention au droit positif n'est pas de soi un péché, si on ne la commet point par orgueil et par mépris de l'autorité, à moins qu'on n'ait causé du scandale. Ajoutez-y qu'il est des cas où la loi ne peut intervenir. Comment, par exemple, établir d'une manière durable par voie législative ce qui est le juste prix. Ses brusques et fréquentes variations rendent impossible la rédaction d'un texte précis, et il faut bien s'en remettre à la décision du juge (3). La pro-

(1) Col. 666-668.
(2) Col. 1154.
(3) Col. 844.

ductivité du sol, la situation des biens, la commodité des lieux, l'abondance de numéraire, la présence de riches marchands, la paix ou la guerre, font varier à l'infini le prix des choses (1). »

Cette idée très haute de la loi, jointe au désir que nul ne puisse y substituer sa propre volonté, toujours arbitraire, est une des raisons qui expliquent les désirs de simplification, de clarification, pourrions-nous dire, que nous lui voyons souvent exprimer ; de là vient qu'il demande la suppression de tant de choses, lui d'ordinaire si conservateur, parce qu'il les juge inutiles et par là même encombrantes, le serment obligatoire par exemple, voire même des titres entiers, III (des procureurs), VI (des montrées), VIII (des preuves). « Me autore, » écrit-il sur l'art. 16, nemo tales unquam consuetudinis articulos scribet incertos, infinitos, vagos, qui, si pro regulis scribuntur, convenientibus e jure civili et fontibus peti possunt. Nunc, cum a jure consuetudinario id expectetur potius ut deductas de jure romano sententias domestica et locali lege pressius constringat, et ad hypotheses et species propius applicet, non video quid hac tam elumbi et languida oratione proficiatur ad controversias, cum in specie occurrunt, dijudicandas, cum ad vivum non pertingat et interpretatione facile eludi possit cum se tot cuniculi pandant ad subruendas dispositiones indefinitas, si quis quidquam superstruat. » En beaucoup d'endroits, nous le voyons s'occuper de remanier la rédaction des articles, se préparant ainsi au travail qu'il devait acccomplir au moment de la réformation.

Bien préciser la rédaction d'un article est un moyen sûr

______

(1) Col. 1081.

d'éviter l'arbitraire. On était fort tracassé par les priseurs, gens corrompus pour la plupart : d'Argentré fit séparer, pour plus de netteté, les titres XIV et XV, puis s'attacha à prévenir chaque fraude. S'ils se sont trompés, ils seront condamnés à refaire le prisage à leurs frais, car on est inexcusable de ne pas connaître son métier (art. 264). Ils seront tenus d'arrêter sur le lieu leur estimation, qu'ils modifiaient souvent après coup à la requête d'une partie (art. 265).

Mieux vaut d'ailleurs un texte bien court, quand il est suffisamment clair. « O nimium futura felix ætas hæc, si sine tam rixoso, imo et infinito jure esse poterimus, et tantulus hic titulus quod olim de XII Tab. Cicero dixit controversias nostras omnes finire poterit. »

Les circuits de procédure l'impatientent; pour les éviter, il se contenterait d'une cote mal taillée, dût-elle faire subir une légère entorse à la rigueur du droit. « Me autore hic circuitus tollendus erit, constituendumque ut domino recta agere in vassalum immediatum liceat quod hic per circuitus facit (1). » D'après le nouvel article 552, qu'il approuve, les héritiers contribuent aux dettes d'après leur quote-part, mais on ne tient compte ni du préciput de l'aîné, ni de la part égale qui revient aux puînés dans les biens roturiers. Le payement sous condition entraîne immédiatement la cession de droits ; les fruits perçus du vivant du *de cujus* ne doivent pas être rapportés ; la saisie-arrêt doit être admise sans discussion préalable. Il critique vivement l'art. 141, où l'on a introduit deux recours au cas de garantie, alors qu'un seul aurait suffi. Pour qu'il admette

_____
(1) Col. 1471

ces liquidations délicates, il faut qu'il y ait une véritable injustice à agir autrement : c'est ainsi qu'il regrette que l'art. 528 n'ait pas fait dans l'attribution au propriétaire du sol des constructions élevées par un autre, une exception en faveur du possesseur de bonne foi.

Tout ce qui peut contribuer à allonger les procès lui répugne, la nécessité d'aller au préalable devant les arbitres, par exemple, imposée par l'article 566 N. C., ou encore l'exécution des sentences nonobstant l'appel, ce qui offre un danger si la sentence est annulée. Cependant, il ne faut pas que cette hâte d'en finir fasse négliger les garanties. La présence ne peut être assimilée à l'ajournement, car celui-ci a pour but de permettre au défendeur de préparer ses moyens de défense. « Magna omnino ratione repertum est, quo cum res habeas, ad dicendam causam in jus evocari nec ante respondere cogi, quam admonitus sit qui convenitur, et tempore ad comparandas defensiones dato. Alioqui futurum est ut rei immediati repentino agentium incursu opprimantur. « Nemo, dit-il ailleurs, «rebus suis interdictus existimetur nisi auditus. » Mais ce qui n'est que pure chicane lui déplaît, *l'exceptio non numerata pecuniæ*, les oppositions générales à l'appropriement, celles non suivies d'ajournement en temps utile (1). Il faut considérer les véritables effets des choses *citra artem* et mettre dans la loi ce que l'équité commande sans détours (2).

Aussi se montre-t-il favorable à tout ce qui peut encourager l'esprit de transaction.

(1) N. C., art. 278 et 307.
(2) N. C., art. 192.

« Il y eut jadis des hommes sans cœur, qui, sous prétexte
de valider la cession de droits litigieux, croyaient juste de
permettre que l'on fît éternellement passer de main en main
des brandons presque éteints. Si on admet cela, les transactions ne serviront à rien, si ce n'est à déplacer la pernicieuse semence et je m'étonne que Tiraqueau se soit laissé
prendre dans ce bourbier, bannissant ainsi la paix du domaine des contrats, et bouleversant les familles, sous ce
spécieux prétexte que la transaction contient une cession de
droits (1). Vous dites que les compromis ne permettent pas
d'en appeler ; quand ce serait vrai dans un seul cas, quel
est donc l'intérêt qu'il faut considérer, celui du juge qu'on
prive d'une affaire, ou celui des parties qui ont le droit, qui
ont le devoir d'agir sagement, convenablement, en terminant leurs querelles par un procès, car c'est un proverbe
courant, que mauvaise transaction vaut mieux que bon
procès. Autant vaut supprimer l'arbitrage en toute matière,
si cette raison vient à prévaloir (2). » Il faut donc déclarer
les compromis toujours valables. « Tout ce que l'Ate d'Ho-
mère mettait d'adresse à nuire aux hommes se déploie
aujourd'hui dans les procès : avec eux viennent la fraude,
les faux, la haine, la ruine des familles, la perte du temps
et de l'argent, le trafic de la justice, la spéculation sur les
malheurs d'autrui, les conflits d'opinion, les inquiétudes et
les chagrins, d'indignes flatteries à l'adresse d'hommes indignes ; bref, que ne fait pas, que n'engloutit pas un plai-
deur (3). » Il demande qu'on rétablisse dans les procès crimi-
nels la formalité de *l'inscriptio*, pour réfréner par la crainte

(1) *Ait.*, art. 317.
(2) Col. 66.
(3) Col. 1863.

du péril la fureur de ceux qui poursuivent des hommes qui ne leur ont rien fait, de ces délateurs qui vont au devant de la colère des lois, de ces gens de rien qui s'offrent aux puissants pour injurier et mettre en péril l'honneur de leurs ennemis (1). Il faut le plus possible s'abstenir des enquêtes *de vila*, car si l'on peut à son gré faire des perquisitions dans la vie passée des hommes, qui donc pourra demeurer innocent ? C'est aux chefs de l'Etat qu'il appartient de voir à ne pas se prêter à pénétrer à la légère dans la vie privée d'un homme, surtout si sa réputation est entière et s'il jouit d'une grande situation (2).

A côté de ces doléances où l'on sent percer une certaine hostilité contre l'esprit procédurier et inquisiteur des romanistes, il faut placer, si l'on veut connaître dans tout leur jour les sentiments de d'Argentré sur cette vieille procédure féodale, si respectueuse de la vie et de la liberté des personnes, le bel éloge de l'art. 613 qui interdit la confiscation des immeubles du condamné et qui respire, comme il le dit lui-même, la vieille liberté de la race bretonne et ses idées d'humanité.

Le vieux jurisconsulte est lui-même très humain, et c'est plaisir de voir battre sous cette rude écorce un cœur pitoyable et miséricordieux. Dans l'idée qu'il se fait du châtiment, qui doit surtout être un exemple (3), dans l'exemption des frais d'assiette, si le débiteur offre de payer dans la huitaine (4), dans l'invitation au juge de modérer le prix des denrées, au cas où la restitution des

(1) Col. 1297.
(2) Col. 1299.
(3) Col. 138.
(4) N. C., art. 239.

fruits est ordonnée, si l'année a été trop chère (1), se ré-
vèle sa théorie que partout dans le droit *modicitas causæ
juris regulas relaxat.* « Pauvreté n'est pas vice, » dit-
il (2), car il y a de glorieux motifs d'appauvrissement,
comme la guerre ou le service de l'Etat. C'est bien un enfant de ce pays où lorsqu'on construit une maison, tous les
voisins sont obligés (art. 93) d'aller donner un coup de
main, sans prétendre au moindre salaire et où « hac opera
defunctos festa, convivia et lautæ deinde commessationes ex-
cipiebant quem morem rustici adhuc nostri et plerique e
nobilibus servant. » Ausssi trouve-t-il tout naturel que la
loi rende obligatoires les devoirs de charité, se faisant ici
l'interprète de cette autre loi « non scripta sed indita, ad
quam non dicti sed facti, non instituti sed imbuti sumus; » car c'est commettre une injustice que de ne pas
aider et secourir son prochain (3). « La loi trouve plus grand
inconvénient qu'aucun meure de faim qu'elle ne fait à le
nourrir, voire de l'autrui (4). Ce sont offices pleins de charité, dit-il encore à propos de l'obligation aux parents li-
gnagers de nourrir les orphelins (5), lesquels quand les
hommes se rendent lents et méconnaissants, la loi a mis la
puissance en la main du juge pour ordonner comme il appartient au cas, et il voit que la nécessité est urgente et occa-
sionnée de raison. Ce n'est pas par action ni à demander
l'aumône par force, car tels offices se doivent requérir et
supplier. Mais toutefois l'aumône, laquelle est libérale, et

(1) N. C., art. 259.
(2) Col. 2190.
(3) Col. 409 410.
(4) Col. 2229.
(5) Col. 2313.

doit venir de cœur gai et volonté franche et naïve charité, et, comme dit saint Paul, *tristitiam non habentis,* peut en quelque cas être contrainte, et y peut l'homme illibéral et oublieux de son devoir être contraint, comme s'il se présentait quelque grande et extraordinaire nécessité. »

Il ne faudrait pas d'ailleurs voir dans ces paroles comme un prélude des revendications socialistes, comme un appel à l'obligation légale de la charité. « Si sans besoin, continue-t-il, il se présentait quelqu'un ayant moyen de vivre d'ailleurs, ou de son bien, ou de son travail et artifice, selon sa qualité, il n'y a loi ni juge qui doive soutenir aucun à chercher chez le voisin ce qu'il doit ou peut fournir chez lui-même, ni vivre ou consumer le pain d'autrui, si le sien lui peut suffire, car chacun a métier du sien. » Aussi, dans l'allocation des aliments qui n'est pas l'exécution d'une obligation civile, il faut tenir plus grand compte du besoin que de la position sociale. De même, c'est fort bien d'être secourable aux débiteurs ; mais il ne faudrait pas aggraver la position des créanciers. Le juge ne doit pas proroger trop facilement les délais d'exécution (art. 218) ; l'arrivée du terme ne doit pas par elle seule libérer le fidéjusseur (art. 191) ; il est partisan de la règle *Dies interpellat pro homine,* il voudrait que le seigneur qui a fait à ses vassaux sommation générale d'avoir à le payer n'eût pas besoin d'adresser à chacun une sommation particulière. Si plusieurs cohéritiers ne s'entendent pas sur le parti à prendre, il faut préférer celui qui se porte héritier pur et simple, car les créanciers seront ainsi intégralement désintéressés. Il demande que l'acte notarié entraîne de plein droit l'hypothèque, car cela n'aggrave pas la situation du débiteur, ce sont les sûretés et non pas la dette qu'on augmente. Il valide la caution de l'acte fait par un incapable (art. 184). Tout en ne l'estimant guère, il admet la légitimité du prêt à intérêt. « Cum magnæ interdum opportunitates rerum gerendarum, et rei faciendæ ob inopiam pecuniæ hominibus elaberentur, necessario recepta est fœneratitia et gentibus probata non ratione sed usu (1). » Il est encore plus défavorable à la disposition de l'art. 243, qui permet au mercenaire de se payer de ses propres mains sur les biens de l'employeur, « magnus favor, et pene intolerabilis, et contra regulares dispositiones, » car « non est singulis permittendum quod per judicem fieri debet ; » et s'il l'admet à la rigueur pour ceux qui *ex diurna opera vivunt,* à cause du texte de la Bible, il ne faut absolument pas l'étendre aux « redemptores operum, qui probabiliter habent unde se alant et opus perficiant, et actionibus experiri possunt (2). »

Il est encore bien des traits de son caractère que nous pouvons rattacher à cette haine des procès : son hostilité par exemple, à l'égard de la preuve par témoins. « Ratio suadet scripto probari debere mandatum, non per testes... Testamentum testibus non probatur... In tanto testium facilitate nihil est absurdius quam magistratuum enunciatas sententias et judicata committi testium quorumlibet fidei. »

L'unification du droit est encore un moyen d'arrêter l'essor de la chicane. Aussi nous le voyons s'employer sur les art. 13, 17, 18, à faire supprimer des exceptions qu'il estime peu rationnelles. La variété des usages locaux

(1) Col. 1070.
(2) Col. 831.

lui déplaît : il fait unifier la mesure agraire (N. C., art.
263), les formalités de la bannie (N. C., art. 276). « Nam
vim universalis consuetudinis vaga cujusque fori observa-
tione et variante usu infringi non probo, quia consentienti
et conspirante populo certa regula includi salutare et ne-
cessarium inventum usus cogit, et inde nascens litium
materia et dominiorum incertitudo. An tanti fuit privato-
rum paucorum mos, ut juri publico derogari opporteret et
publico consensu receptæ legi, aperta enim fenestra testi-
ficantibus de modo utendi? Cur non eadem lex omnibus et
ullæ leges esse permittuntur quæ scriptæ disci nequeant.
Itaque si quando posterior manus his reformandis adhi-
bebitur me autore, et postremus ille articulus distinguetur
aliter et una omnibus approprimentis lex statuetur, quod
si uni ditioni quaque de re in specie consulendum videbi-
tur, cognito probatoque quod ejusmodi erit in tabulas pu-
blicas testationesque redigeretur, ut cuivis discere et sibi
prospicere liceat, mutari, eludere nemini permittatur (1). »

Appliquez de semblables idées à la matière des contrats,
et vous avez toute la doctrine de d'Argentré : publicité et
stabilité, elle est toute dans ces deux mots.

C'est la publicité qui crée la sécurité : de là viennent les
éloges qu'il prodigue à la formalité de l'appropriement (2),
securitas reorum, et la force qu'il lui attribue, au point
que la femme qui ne s'est pas opposée à l'appropriement
est censée avoir consenti à l'aliénation (art. 444, 445, 462) :
de là vient son intervention dans la rédaction des art. 521
et 524 N. C., relatifs aux divers modes de porter à la

(1) Col. 1000.
(2) Col. 878, 1220, etc.

connaissance du public la déclaration de prodigalité.

C'est le consentement des parties qui fait la force des contrats, c'est la stabilité des contrats qui fait la paix des nations, il faut donc respecter le consentement et restreindre le plus possible les cas de nullité. « Consensu constare omnia quibus hominum societates teneantur, dit-il (1), commercia, congressus, cætus, ipsa quoque cœlestia corpora consensu stare, in quibus si quid aliquando contra accidat, miranda ista effici quæ tonitrus, terremotus, ignivomos globos, ceteraque terribilia generent. In vita humana nil præstantius fide, cujus materia sit in consensu, si quando ab ea disceditur, tumultus, bella, intestinas discordias existere terroresque cœteros. Consensu contractus et commercia coalescere, inde obligationum nexus gigni, inde civilium et naturalium obligationum in jure discrimen, earum tamen materiam ex æquo in consensu esse, ex eo fieri ut id quodcumque inter homines agitur idoneam materiam habeat et sufficiens subjectum cui consensus applicetur, nisi aut naturæ lege aut gentium jure aut divinis præceptis aut civili dispositione prohibeatur et inhabile reddatur... notandaque eximia illa Justiniani sententia, non esse angustandam latitudinem voluntatis contrahentium propter nimiam subtilitatem juris. » En général, lorsqu'on contracte, on sait ce qu'on fait : il faut donc respecter la volonté des parties, et une fois un contrat passé, ne pas en prononcer la nullité à la légère. Le contrat fait par un individu notoirement prodigue, mais qui n'a pas été déclaré tel, n'est pas nul de droit, car il n'appartient pas aux particuliers de prononcer là où le juge a besoin lui-même de réfléchir.

(1) Col. 1026-27.

La femme qui, après avoir renoncé à la communauté, s'approprie des objets en faisant partie, ne doit pas être pour cela traitée comme acceptante. En cas de vente sur saisie, si le créancier n'a pas fait connaître le prix d'achat au débiteur, la vente n'est pas nulle. La démission de biens est irrévocable comme toute donation. Le vendeur d'un bien noble à un roturier ne peut se prévaloir du non-payement du franc-fief pour déclarer la vente nulle. Le père qui marie sa fille *collocata ex dignitate*, peut l'obliger de renoncer à sa succession. « Optaram ut satis quandoque articulus in nostro jure extaret qui materiam restringeret dissidiorum quæ tribunalia strepitu complerent intestinis disceptationibus, rescissionibus, querelis domesticis, » et il se félicite « ne posthac nuptæ pœnatibus paternis facem inferrent rescissionibus (1)! »

Si l'on ne peut échapper à la nullité, il faut du moins en restreindre les effets. Si l'appropriement n'a pas été fait dans tous les lieux requis, il vaudra là où il aura été fait (N. C., Art. 277); il ne sera pas opposable au retrait féodal (Art. 307), mais ne sera pas pour cela nul pour le tout. Si un contrat est nul comme passé par un mineur, un fidéjusseur peut le cautionner (N. C. Art. 184). Si la cause de nullité vient à disparaître, le contrat redevient valable. « Si nulli sint aut moriantur liberi ante donatorem, donatio (annulée pour survenance d'enfants) revalescit. » Pour qu'il admette une nullité, il faut qu'on ne puisse pas s'en tirer autrement, il faut une lésion irréparable par un supplément de prix ou de part (Art. 142 et 262). Non debet totum partagium conturbari sub prætextu modicæ

(1) *Ait*. 557.

inæqualitatis. Pretii vitium, dit-il ailleurs (1), contractum emptionis non vitiat, prétium de re fenebri fenebre non est, pretium rei furtivæ furtivum non est, en un mot, il faut dire en ce sens que *pretium non succedit loco rei.*

Cette tendance explique l'hostilité que témoigne d'Argentré à l'égard du retrait lignager. Ce retrait était cependant très favorisé par la législation bretonne puisqu'il pouvait être exercé pour portion, par un mineur, et même pour les baux de longue durée. D'Argentré ne voit dans le retrait que le moyen de maintenir une terre dans une famille ; quand le but n'est pas atteint ou quand on en poursuit un autre, il en refuse l'application. Il critique le retrait partiel (art. 308 et 309 N.C.), il critique la faculté de retrayer le bien acquis par un descendant de l'auteur commun. (N. C. art. 298), « contra retractus primarium et germanum usum qui in antiquis hærediis obtinere debet. » Il aurait voulu qu'on exigeât chez le retrayant le ramage et le lignage, il ne veut pas qu'on proroge facilement les délais de *pré-messe* ; si un père, après avoir vendu une terre, la retire au nom de son fils, il lui est interdit d'en jouir en quelque manière : ce serait un moyen déguisé de revenir sur un contrat.

Les mêmes principes guident aussi d'Argentré en matière de prescription. Il justifie l'institution contre les reproches des canonistes, en invoquant la nécessité sociale, et sous prétexte que la vie est plus courte qu'autrefois, il en fait réduire la durée, afin qu'on arrive, le plus tôt possible, à une situation bien assise (1). Il nous est donc fa-

---

(1) Col. 1066.
(2) Voir Col. 883, 1230, 1267, 1330, 1378, 1380, 1384.

cile de comprendre les motifs de son hostilité pour la *res-titutio in integrum*. » Omnino admirari non desinam, dit-il (1), post tantas verborum exaggerationes quæ tam diserte de imperatorum et juris intentione testarentur, extitisse ullos homines qui verbis hanc ipsam securitatem extollerent, retollerent, reperta ratione ut sibi videbantur acuta, qua tanta verborum pondera eluderent introducta restitutione in integrum adversus perfatas tempore præscriptiones, idque ex vulgaribus causis absentiæ, ignorantiæ et talibus. »

Un tempérament si intégralement conservateur devait naturellement faire de d'Argentré l'adversaire du grand jurisconsulte qui au même moment essayait de faire prévaloir dans le droit des idées différentes, Charles du Moulin. Tout était dissemblable chez eux, jusqu'au procédé qu'ils employaient pour faire triompher ce qu'ils croyaient être la vérité. Si une disposition légale déplaît à d'Argentré, il déclare qu'il faut la supprimer ; du Moulin, à l'aide de distinctions ingénieuses, cherche à la tourner. Ces distinctions subtiles déplaisent à d'Argentré, qui aime les solutions nettes (2), et souvent c'est pour n'avoir pas regardé d'assez près les théories de du Moulin qu'il l'accuse de se contredire. Il lui reproche par exemple d'avoir soutenu dans son commentaire sur les art. 23 et 55 de la Coutume de Paris, à propos des droits dus à l'occasion de la promesse de vente, une doctrine différente ; ce qui est tout naturel, puisque dans l'un il parle du quint et des ventes dans l'autre ; ailleurs, il brouille la théorie sur la cession d'ac-

(1) Col. 1225 et 1227.
(2) Col. 806, 807.

tions du donataire avec celle qui a trait à la faculté de réméré (1). Dans la chaleur de la dispute, des mots un peu
vifs lui échappent quelquefois, mais il faudrait n'avoir pas
lu les Commentaires pour affirmer qu'il a systématique-
ment cherché à rabaisser son adversaire. Loin de là, il ne
parle jamais qu'avec admiration de cet homme, « vir in-
comparabilis (col. 6), vir eruditissimus et probus (690),
scitus et eruditus ut ubique alias (col. 1652), præstanti
vir ingenio et incomparabili eruditione » (col. 684); là
même où il déclare ne pas se ranger à son avis, il ne peut
s'empêcher d'admirer la vigueur de sa défense, et nous le
montre appuyé sur ses pensées et confiant dans son intelligence, faisant tête à l'agresseur « ut aper imbelles
canes (2). » Le plus gros reproche qu'il lui fasse est de ne
pas connaître assez la vie et les besoins de la société, il n'a
jamais vécu qu'au Palais, ignorant le maniement des affaires publiques (3); c'est un homme d'un autre monde : « pe-
regrinatus in alieno cœlo (4). » Ses théories sont un rêve,
somnium, dit-il ailleurs (5): d'Argentré a raison : il vit
dans le présent et aux yeux de beaucoup de gens, dans un
présent qui n'est plus qu'un passé plus ou moins lointain,
du Moulin est l'homme de l'avenir. C'est naturellement
sur le régime politico-social que se heurtent avec le plus
d'énergie leurs idées adverses; non pas que d'Argentré
voie dans la féodalité un régime idéal ; son esprit ne s'oc
cupe pas de considérations de ce genre; mais ce régime

(1) Voir encore *tractratus de laudimiis*, 1, 2, 12, 14, etc.
(2) Col. 1067.
(3) Col. 1378.
(4) Col. 1405.
(5) Col. 806.

a fonctionné, il a donné de bons résultats ; il repose tout
entier sur la convention, et la convention, dit-il, a autant
de valeur que la loi, refuser de l'accomplir c'est violer
la justice. Que peut-on lui objecter d'ailleurs à ce régime,
sur certains points duquel chose singulière, notamment
en ce qui concerne la punition du désaveu (art. 112), il
est moins sévère que du Moulin, lié dans ce cas par un
texte précis ? Que peut-on lui objecter, sinon des raisons
de sentiment, *vagæ*, *fluxæ*, *elumbes ?* du Moulin n'en
trouve pas d'autres. Si dans une même année, une terre
se trouve par deux décès successifs avoir deux rachats à
acquitter, du Moulin voudrait les confondre, car, dit-il, ces
morts coup sur coup, tiennent plus du hasard que de la
nature. Eh ! lui répond d'Argentré, si un vassal dépasse
la moyenne de la vie humaine, l'obligerez-vous de payer
un rachat au seigneur (1) ! Contre la féodalité, on ne peut
émettre que des déclamations ; on peut bien sans doute, en
remuant certaines formules, exciter les haines et les dé-
fiances ; vilaine besogne, que d'Argentré laisse à d'autres ;
car entre seigneur et vassal tout doit se passer de bonne
foi et le serment qui les lie l'un à l'autre ne peut avoir
pour résultat d'en faire des ennemis. Souffler la discorde
est chose mauvaise, ébranler les fondements de la société
est chose blâmable, et voilà surtout pourquoi d'Argentré
en veut à du Moulin : encore une fois, c'est la lutte entre
la réforme et la révolution.

(1) Col. 346.

CHAPITRE IV

C'est ici la portion la plus importante de l'œuvre de
d'Argentré. Dans les sociétés qui se forment, une fois
qu'elles sont attachées au sol, et que la vie agricole a suc-
cédé pour elles à la vie pastorale, le régime des biens dé-
cide le plus souvent de l'organisation politique, et nul régime plus que la féodalité n'a réuni ces deux caractères,
d'être à la fois un mode d'exploitation rurale et d'organisation sociale. Le problème était dans la Bretagne du
XVIe siècle, et pour des raisons spéciales, particulièrement
intéressant. A part de courtes et rares périodes de guerre, il
y avait près de deux siècles que la Bretagne jouissait des dou-
ceurs de la paix, ce n'était plus cette région « attrita et
deserta continuis bellis, adeo ut et corriaceam monetam
per bella cusam ex historia constet, » il y avait soixante ans
que la paix était revenue et que les affaires allaient bien
« melioribus commerciis et pace reddita (1) : » la prospérité matérielle y était devenue si grande qu'un chroniqueur
de l'époque l'appelle le petit Pérou. Cette prospérité avait
fait hausser considérablement la valeur des terres, « quæ
illi modo optimates opulentissima prædia obtinent, olim

____

(1) Col. 843.

tam parvi veniere ut pene incredibile sit sive hominum tum minus fuit sive pecunia. » L'affluence des métaux précieux n'était pas la seule cause de cette hausse des prix, car elle aurait dû être aussi forte dans toutes les régions de la France, et cependant d'Argentré nous apprend que vingt ans avant l'époque où il écrit son traité des appropriances, c'est-à-dire vers 1550, un bien de cent livres de revenu se vendait 3000 livres en Bretagne, tandis qu'en Normandie, en Maine, en Anjou, il n'allait pas à plus de mille, de sorte que « nostri cives, quo melius compararent, relicto patriæ commercio in finitimas provincias migrabant. » Même de son temps, « nobis etsi pecuniæ multo minus est quam illis, tamen ea prædiorum caritas perstat,... nec ulla in regni parte carius emitur nunc (1). » Le taux légal de capitalisation était le denier douze ; dans les provinces voisines, le taux réel était parfois inférieur et dépassait rarement le denier quinze. En Bretagne, dès la première moitié du siècle, le taux réel variait, suivant les biens, du denier quinze au denier vingt ; dans la seconde moitié, il variait du denier vingt au denier vingt-cinq, il atteignait même le denier quarante, le dernier soixante *aut carius*. Lors de l'aliénation des biens ecclésiastiques en 1562 et 1577, les biens nobles avaient été vendus au denier vingt-quatre, les biens roturiers, au denier vingt, et ce fut ce dernier chiffre que la réformation de 1580 admit comme taux légal. L'importance de la terre à laquelle depuis longtemps la considération allait déjà, augmentait donc toujours. Plus fort que les ordonnances, l'usage attesté par la coutume autorisait les roturiers à

(1) Col. 1082-83.

acquérir des terres nobles, et d'Argentré nous avertit (1)
qu'il ne faut pas considérer comme la valeur réelle d'une
terre le prix qu'elle peut se vendre « aux terroirs où il se
trouve habiter de riches marchands et opulents paysans
qui enchérissent et envient les choses outre les règles pour
leur commodité ou voisiné. » La terre d'ailleurs n'avait
pas seulement une valeur honorifique ou économique ; elle
avait encore une valeur juridique. Elle emportait la propriété des constructions faites sur elle (A. C., art. 538) et
l'indemnité allouée au constructeur ne comprenait ni la
main d'œuvre, ni le prix de la chaux, etc., mais seulement
la valeur des matériaux employés. Le propriétaire du fonds
était propriétaire des fruits provenant du travail de l'usu-
fruitier, à charge d'indemniser les héritiers. Bien plus, si
le bien était bien noble, il n'était pas dû de récompense
par l'époux propriétaire à la communauté pour les constructions qu'elle avait pu y faire (A. C. art. 601, 603).

Les autres sources de richesse ne jouissaient pas de la
même faveur : d'Argentré critique âprement (2) les rentes sur
l'hôtel-de-ville de Paris « illa carponatrix Parisiensis quæ
mores hominum depravavit, inertiam aluit, commercia per-
didit et perdi ipsa incipit. » Les art. 212 et 425 ne répu-
tent immeubles les rentes constituées que dans deux cas,
et d'Argentré approuve ces restrictions (3). Leur développement n'est dû qu'à la dépravation du siècle : au fond, ce
n'est qu'un moyen déguisé de pratiquer l'usure « Astuta
secula pro formali usura redituum constitutiones reperere

(1) *Ait.*, art. 244.
(2) *Ait.*, art. 425 ; Col. 1078.
(3) Col. 276, 710 et 1607.

Pausonis equum (quod est in proverbio)... Turba peccantium admissum levius facit, cum judices patroni primi, medii, infimi idem faciunt, nominibus quodcunque velent... quod nos nimium docti malis nostris ignorare non possumus (1). » Déjà cependant l'usage tendait à leur donner, par l'immobilisation, une consécration officielle de leur importance, mais la terre n'en restait pas moins la grande source de richesse et d'influence, et les rapports de ceux qui l'exploitaient les plus importants à déterminer.

La féodalité était assez récente en Bretagne. Créée presque de toutes pièces sur les ruines du machtiernat par les reconstructeurs du xi° siècle, développée au xii° par l'influence normande et angevine, elle était devenue le régime général de la propriété. L'alleu y était inconnu, toute terre avait un seigneur, et dans cette savante hiérarchie, il n'était pas rare de voir au sommet un fief qui ne valait pas à son maître 25 sols de revenu, certain ayant cependant pour 30 et 50,000 livres d'héritages tenus sous lui, voire 100,000, comme l'on dit de la Roche-en-Nort. Le fief y est donc beaucoup plutôt une forme d'organisation sociale qu'un mode d'exploitation agricole, c'est à ce point de vue surtout que d'Argentré le considère; et si l'on voulait que la féodalité ne devînt pas nuisible par son inutilité, c'était dans cette voie qu'il fallait la maintenir.

Sous ce rapport, d'Argentré avait fort à faire en ce siècle dépensier où les gentilshommes portant volontiers sur leur dos leurs prés et leurs bois, pouvaient être tentés, pour faire face aux nécessités coûteuses de la vie de courtisan, de ne voir dans le fief qu'une source de profits. On

(1) Col. 1070.

s'en aperçut bien dans la discussion de la coutume (1580).
Fréquemment endettée, la noblesse se plaint des dangers
que l'on court à cautionner ; rude de mœurs, elle fait rac-
courcir la prescription de l'action pour crime (N. C. Art.
298). Rien n'est plus fréquent, dit d'Argentré sur l'Art.
678, que de voir les seigneurs marier contre leur gré les
filles de leurs sujets ; nous réprouvons, dit-il, cet abus de
la force, mais quand il faut le réprimer, personne n'applique la loi. Elle eut voulu faire attribuer à ses juges la
connaissance des délits *in familiam* (art. 39). Fort âpre
au gain, elle veut faire annuler l'appropriement, l'acte de
vente même, s'il n'a pas été précédé d'une sommation au
seigneur d'exercer le retrait féodal (Art. 406) : elle demande au cas de prédécès de la femme, que le mari ait
une part des biens (art. 455) ; grâce à l'appui du clergé,
elle obtient l'interdiction aux roturiers d'avoir des colom-
biers, et demande la même chose pour les moulins et les
étangs (art. 389) ; pour la prescription des droits féodaux
casuels, elle obtient qu'elle ne commence à courir que
du jour de l'exhibition du contrat au seigneur (art. 281).
Elle se plaint fréquemment de la *contumacia* de ses sujets,
ce à quoi le tiers répond en accusant sa dureté, surtout celle
de ses receveurs et de ses fermiers, leur méchanceté, leur
rapacité. Sa fierté mise en cause lui fait demander la fac-
culté de rendre hommage aux roturiers par procureur ;
son ignorance confond parage et lignage, et s'oppose à
l'unification des tenues par crainte de perdre les droits
succesoraux.

C'est surtout aux grands seigneurs que s'adressent les
objurgations de d'Argentré, car ce sont eux qui en ont le plus

grand besoin. L'ancienne coutume, dit-il (1) en expliquant l'émancipation tardive des mineurs nobles, considérait que leur fortune étant plus considérable, leur inexpérience de la vie leur faisait courir de plus grands dangers qu'aux roturiers ; aujourd'hui, on pourrait les émanciper avant les autres, car la fréquentation du monde et de la cour les rend de meilleure heure prudents et avisés, j'ajouterai d'ailleurs plus mauvais et plus prodigues. Ailleurs (2), il attaque les grands, *potentiores*, qui pendant l'an du rachat s'arrogent le droit de chasse sur les terres de leurs vassaux, « aspere plerumque et impotenter etiam citra jus fruendi. » Ils font voter, grâce à la négligence du procureur général, l'art. 359 qui n'a d'autre but que de leur permettre d'inféoder, moyennant finance, le sol de leurs forêts abattues sans avoir à craindre le retour au roi.

Il ne faudrait pas cependant conclure de tous ces textes à l'existence d'une classe malfaisante. A côté de ses défauts, la noblesse bretonne avait de grandes qualités ; tout en la gourmandant, d'Argentré l'estime, et l'on peut même dire que c'est en grande partie le sentiment qu'il a de l'importance de son rôle social qui fait qu'il la harcèle de ses conseils et de ses avis. Une qualité surtout la distingue, c'est qu'à cette époque elle est en majorité demeurée attachée au sol, la discussion qui éclate à propos des rentes en grains en est une preuve. La noblesse du xvie siècle préférait en général recevoir de l'argent et s'éviter ainsi des embarras ; la noblesse bretonne demande que les rentes stipulées lui soient fournies en nature soit du fonds soit par achat, « nec

(1) Col. 1821.
(2) Col. 350.

quemquam de pecunia vivere uat edere aut bibere, non magis quam Midas auro; » et elle obtient que la sommation
au vassal de payer en nature donne au seigneur le droit
de ne pas accepter d'argent.

Ce qui semble déplaire beaucoup à d'Argentré, c'est la
constitution actuelle de la noblesse. Les rangs sont confondus. « Vestiri, canes alere et equos, titulos præferre, in-
signia gentilia vendicare et vero architectari si nulla sint,
potare, gloriari, pejerare quæ nobilium olim putabantur
vitia propria, hoc miserando seculo migravere etiam ad
plebeios, prout opibus aut insolentia increverit. Quæ nobilitati valde conveniunt nunc promiscue usurpantur. Dolen-
dum magis ipsas liberales artes ab ignobilibus crebrius atque
adeo magis eximie quam ab nostro ordine cultas. Judicandi
quoque munus olim nobilitati proprium in nostra Britannia
plebei insedere. Unde igitur discrimen plane est difficile
dijudicare (1). Sunt enim omnes actus ordinis utriusque
pene *adzaphoroi*, ut hominum natura eadem conditione
genitorum et opinione duntaxat distinctorum... Aujour-
d'hui et en habits et en états il y a telle confusion qu'il est
bien besoin de chercher la preuve de noble ailleurs qu'en
la robe, et plus en contrefait celui qui ne l'a point (2)...
La modestie de nos prédécesseurs était telle quant aux habits que les bien marqués approchaient plus du roturier que
d'aujourd'hui les nobles ne surmontent les roturiers, ce
qu'on voit par les testaments des anciens nobles de ce pays
et très antiques maisons, car il n'y en a aucun qui passe
cent ans par lequel on ne voie qu'ils donnent leur robe de

(1) Col. 545.
(2) Col. 2267.

drap tanné qu'ils portoient aux fêtes, autre sa robe de gris
de garance, autre son gippon de marquin, il n'y avoit que
les femmes parées qui se trouvent donner quelque robe de
soie à l'église pour faire des ornements, tellement que *non
sufficiens differentia in predicato*, car si l'un porte le ve-
lours, si fait l'autre, si le noble est reçu en la gendarme-
rie, aussi est souvent le roturier, si l'un sert au ban, aussi
fait l'autre, si l'un jure, est violent, hautain, ambitieux,
aussi est l'autre (1). » La faute en est d'ailleurs pour une
bonne part aux princes ; d'Argentré blâme les promotions
exagérées de chevaliers (2) ; il attaque cette armée imaginaire
qui n'a du guerrier que le nom et ne l'a pris que pour jouir
des prérogatives qui y sont attachées, comme ces chanoi-
nes que l'on crée pour leur donner une prébende qu'ils ne
pourraient obtenir autrement, ou comme ces magistrats
qui après avoir rempli leurs fonctions et quitté leur état,
obtiennent du roi qu'on les fasse entrer dans une cour,
où muets et sans suffrage, ils se délectent encore de la vaine
image de leur ancien état. Tels encore ceux que réjouit
un vain titre d'aumônier, de gentilhomme de la chambre.
Aussi je ne crois pas qu'ils aient le droit d'exiger l'aide de
chevalerie, car c'est un cadeau du prince qui ne leur a rien
coûté (3). J'ai peine à tolérer qu'on considère comme des
chevaliers ceux qui portent ces titres qu'aujourd'hui notre
malheureux siècle ne refuse même pas aux écuyers ; et quand
il agrée aux princes fatigués de leurs supplications de les
leur accorder, je ne les considère pas plus comme tels

(1) Col. 2268.
(2) *Ait.*, art. 570.
3) Col. 394.

que le singe dont parle Ésope n'avait le droit d'être traité comme un roi, parce qu'il avait revêtu la pourpre. Car en ce siècle avec un peu d'intrigue, tout le monde peut obtenir un titre, et les juges approuvent l'usurpation, car, aiguillonnés du même désir, ils ne peuvent refuser aux autres de passer l'éponge sur un délit qu'ils ont été les premiers à commettre (1). »

Un moyen qui lui semble bon pour empêcher cette confusion des rangs, c'est d'interdire aux nobles d'acquérir des fiefs roturiers. C'est d'ailleurs une question de réciprocité, puisque les roturiers ne peuvent en droit acquérir de fiefs nobles (nous avons déjà dit qu'en fait la prohibition, édictée par le duc Pierre II, et renouvelée par le roi Louis XII, était restée lettre morte, la coutume reconnaissant elle-même que moyennant le payement d'un rachat, l'acquisition était valable), « tum ratio quia conditio personæ refragari videbatur (2), » puis l'incapacité des nobles à fournir les prestations roturières « iniqua dominorum conditione talia nobiles acquirunt, » enfin l'exemption des fouages et des *angariæ* roturières pour les biens que les nobles cultivent eux-mêmes fait retomber très injustement tout l'impôt sur les roturiers.

Il est inutile d'ajouter qu'il estime la personne du noble. On ne peut l'obliger à remplir les fonctions de sergent féodé en personne. (3) « Nobiles, dit-il (4), suam victum quærere non sunt adigendi. Quod si quem pater sacraverit, omnino de titulo providere adigendus est. Honestæ artes et libero

(1) Col. 545.
(2) Col. 1495.
(3) Col. 1496.
(4) Col. 764.

homine dignæ nobilitati conveniunt, nec vero ferenda est ignava nobilitas quæ ab aliena chænice suum semper demensum expectat, si corpore et mente valet : » aussi conclut-il comme ses prédécesseurs, « lesquels ont tenu l'état de noblesse en merveilleusement grand honneur, soit en maniemens, administrations, prélations, prééminences, sujétions et obéissances actives et toutes honnêtes déférences : aussi y a-t-il peu de provinces en ce royaume si bien illustrées de si grandes maisons, si anciennes ne si bien maintenues, ne tant d'hommes de cette qualité (1). »

Il est loin de dédaigner, de mépriser les roturiers. En Bretagne, où la servitude de la glèbe était depuis longtemps totalement inconnue (2), la condition du roturier était assez bonne, et d'Argentré déclare qu'il ne connaît pas en Bretagne (il oublie Belle-Isle) de fiefs où le vassal soit taillable et corvéable à merci (3). Il y a des roturiers qui sont *principes civitatum, dignitatibus præditi, honorati.* Aussi il critique la disposition de la coutume qui pour prouver la noblesse ne reçoit pas le témoignage des roturiers (4) « et ce fut le jugement de nos ancêtres, bonnes et simples âmes dès lors, car il s'en trouve de la condition roturière, d'excellens et très suffisans de juger de telles choses et dignes de telle qualité, si le sort de la naissance l'eût permis... On ne peut les soupçonner de jalousie, car il y en a assez qui ne voudraient rien engager de leurs consciences... Pourquoi est-ce qu'un roturier qui a deux bons yeux, non intéressé, n'ayant cause qui le touche ni les

(1) Col. 2263.
(2) Col. 1606.
(3) Col. 1497.
(4) Col. 2263.

siens, et d'ailleurs homme de bien, ne déposera bien d'avoir vu payer dix sols à un tel, collecteur de fouages en tel an par tel pour le fouage auquel il était imposé. Pourquoi ne dira-t-il pas qu'il vit un tel qui étoit serrurier, drapier ou autre artisan et telles autres choses et actes qui se cueillent par la vue et par les sens qui sont aussi bons en un roturier qu'en un noble. » D'Argentré est donc plutôt un féodal qu'un aristocrate. Ce qui le montre bien, c'est l'importance qu'il attache à maintenir la réalité de la noblesse. C'est ainsi que le seigneur censuel est préféré au seigneur de fief pour le retrait féodal parce qu'il est *proximus in concessione rei*. Une terre roturière aux mains d'un noble se comporte roturièrement; mais si j'achète une terre noble, il n'est pas besoin de faire la preuve que ses possesseurs se sont comportés noblement. Une terre noble qui a perdu sa condition aux mains d'un roturier la recouvre en passant aux mains d'un noble, et le fils noble succédant pour une terre noble à sa mère roturière devrait partager noblement. L'idée fausse qu'il se fait de la chevalerie, qu'il croit personnelle et non pas réelle, explique cette phrase qui ne cadre pas avec l'ensemble de sa doctrine, qu'une fois la noblesse des personnes prouvée il n'est pas besoin de prouver la noblesse des terres (1). Sur les articles 95 et 340 A. C. « noble homme n'est tenu de faire viles corvées et le seigneur n'y a pas droit, » il déclare qu'on a eu tort de tenir compte de la personne et non pas du fonds. Si le seigneur, dit-il (2), perd ce droit lorsqu'un

(1) Col. 2337.
(2) Col. 2498.

noble achète un fonds, il faut en dire autant si ce fonds est acheté par des clercs, des _prêtres, des prélats, des évêques, qui ne peuvent être tenus à des prestations manuelles, « aut iniquum igitur in nobilibus statui et deficere dispositionem quæ nil statuat de his in quibus eadem paritas aut major sit ratio. Ista manualia obsequia et operæ non requirunt industriam personæ, et ideo in quemvis detentorem feudi cadunt, cæcum amentem hæredem debilitatum et qui eas præstare nequeat per substitutum et vicarium præstare potuisse potiusquam dominum re sua privandum aut, si ne id quidem placebat, per æstimationem. » Car une fois lancés dans cette voie, nous ne pouvons pas ne pas exempter les femmes des prestations qu'elles ne peuvent accomplir en personne lorsque le bien qu'elles possèdent en est chargé. Sur l'art 389 N. C. qui exige que l'on soit noble pour avoir un colombier, il dit que les esprits les plus équitables approuvaient la demande du tiers que le possesseur, quel qu'il fût, d'une terre noble, y eût droit, comme à chose qui faisait partie du fonds.

C'est dans le même esprit que d'Argentré est hostile à la tenure en parage, à la situation exceptionnelle faite aux terres possédées par le Juveigneur en raison de sa qualité personnelle : dispense d'ôter épée et éperons et de se mettre à genoux pour l'hommage (art. 334), de la montrée (art. 134), du rachat et des ventes envers l'aîné (art. 72 et 341) ; faculté de s'asseoir en jugement à côté de lui. « Je voulais, dit-il (1), faire supprimer entièrement cet article, car il ne s'appuie sur rien de raisonnable, et il nourrit la contumace des vassaux. Il n'y avait pas de raison d'exempter

____

(1) *Ait.*, art. 134.

le juveigneur d'une obligation qu'on impose à tous les vassaux, il y avait même de plus fortes raisons de l'imposer au juveigneur qu'à tout autre, 1º parce que c'est un vassal; 2º « quia exuberantius in eo debebat existere bona fides et obsequium ex sanguine et officio necessitudinis et reciprocitate sacramenti, in eo scilicet quod primogenito utile sit, et ipsi secundogenito non grave nec noxium cum de sola rerum veritate probanda agatur. » Ajoutez qu'au cas contraire (art. 340), l'aîné est obligé de reconnaître au puîné la qualité de la tenure, ce qui est encore une dérogation au droit commun (art. 349). Quant à la dispense de faire la montrée au représentant de l'aîné, c'est encore plus inique, car si on voulait établir un pareil droit, il fallait le restreindre aux ayant-droit en vertu du partage; quand le bien passe à un étranger, il fallait rentrer dans le droit commun. Aussi demandait-il qu'on fît cesser le parage au 4ᵉ degré.

La terre et non l'homme, voilà donc ce qu'il faut considérer dans la féodalité: le fief est une circonscription politique, un petit État dont le Seigneur est le souverain. Quand il a prouvé que dans ses fiefs on a l'habitude de se comporter de telle manière, quand il a prouvé l'usement de son fief, toute personne comprise dans les limites de ses possessions est présumée non pas libre, ce qui est la présomption commune, mais asservie aux mêmes obligations que ses voisins. Il n'y a donc en Bretagne nulle présomption d'allodialité; bien plus, c'est une règle courante qu'il ne s'y trouve que des fiefs. De là il faut conclure la propriété des seigneurs sur les terres incultes, *desertæ, vacantes, inanes.*

Du moment que c'est un petit Etat, la hiérarchie doit y régner, cette hiérarchie dont Platon lui-même a établi « gradus quosdam et ordines imperandi et parendi ut nobiles ignobilibus, potentiores infirmioribus imperent, illi subsint (1). Tota rerum publicarum administratio a distributione functionum pendet, quoniam confusione potestatum magnam in republica accidere rerum perturbationem necesse sit, ipsa quoque cœlestia corpora et sancti Spiritus ordine et mutuo aut imperio aut obsequio regi cedunt. » Il en conclut que le seigneur haut-justicier a seul compétence pour tous les actes généraux qui privent de leurs droits les particuliers qui n'ont pas été appelés à y contredire, comme le droit d'épaves et d'appropriement. Il s'étonne que ce soit le seigneur le plus proche qui ait les ventes, car le droit concédé a pris naissance en la personne du seigneur supérieur (2).

Dans un Etat, chacun doit s'acquitter de sa fonction. Une première cause qui rend digne de faveur le lien féodal, c'est que c'est un lien de foi. D'Argentré n'admet pas qu'on puisse le prescrire (3) : s'il y a un jour fixé pour le paiement des redevances, il ne faut pas exiger du seigneur une sommation nouvelle (4) ; il ne doit pas y avoir de différence au point de vue du droit d'exécution entre les clauses naturelles et accidentelles du féage (5) ; si un seul vassal est en faute, tous doivent la peine (6). S'il ne pro-

(1) Col. 208.
(2) Col. 313 et 611.
(3) Col. 1358.
(4) Col. 808.
(5) Col. 805.
(6) A Cart. 329.

met pas la foi, la commise est prononcée (1). Il ne doit point être pointilleux, il doit exhiber au seigneur tous ses titres, même les partages (2), « quia talibus inseri solent reditus et jura solo imposita, unde domini utiles testationes ducunt. » Le vassal doit (3) «describere, et scripto edere et oculis demonstrare quid quantumque a domino habeat, » et toujours pour la même raison, « quia beneficio tenetur, ut minimum inter cetera obsequia ostendere quid quamtumque a beneficio ejus habeat. » Si le vassal dit qu'il ne connaît pas l'étendue de son fief, il faut lui donner du temps pour faire des recherches, « nec perpetua cujusquam ignorantia ferenda est, quæ discuti potest investigatione veri, fraude beneficii domini, » au contraire, en l'absence de ce lien de foi, par exemple dans le bail à cens, les droits du seigneur sont beaucoup moindres : il ne peut saisir pour défaut du payement (4).

Les sous-inféodations avaient pendant longtemps été considérées en Bretagne comme un grand malheur pour l'organisation sociale que constituait la féodalité. C'est pour les empêcher que l'assise de Geoffroy enlevait à l'aîné qui se faisait rendre hommage par son puîné ses droits à la succession de celui-ci ; et ce n'est qu'en 1420 que ceux qui n'étaient ni barons, ni chevaliers purent sous-inféoder ; encore durent-ils le faire de manière à ne pas aggraver la condition du suzerain. Au xviie siècle, où la féodalité avait perdu sa signification politique, Hévin critiquait ces dispositions, car la sous-inféodation, c'était le morcellement agri-

(1) Col. 2106.
(2) Col. 1456.
(3) Col. 515.
(4) Col. 805.

cole, et il le jugeait excellent : d'Argentré, au contraire, y
est hostile, non pas tant, il est vrai, par esprit politique,
que pour ne pas porter atteinte à la fortune des suzerains.
« Nego ullam subinfeodationem fieri posse sine consensu
domini et manifestam iniquitatem strui dominis si contra
admittimus. Primum magna iniquitas est admittere ut
quod lege certa diffinitaque cuiquam sit beneficio tradi-
tum alia habeatur. Cum beneficio suo habendum quidquam dominus dederit, pactum detrahi et beneficium ma-
nere, id nulla lex pati possit (1). » Supposons que le seigneur ait concédé un fief rapportant mille livres par an,
se réservant le bail en cas de mutation, le vassal sous-inféode à un arrière-vassal et ne garde que l'obéissance et un
accipiter ; le vassal meurt, le seigneur demande le bail,
l'arrière-vassal s'y oppose parce qu'il a le fief en main et
le seigneur ne trouve rien à prendre que l'obéissance
puisque l'arrière-vassal n'est pas son vassal, sauf en cas
de mort du vassal. Si l'arrière-vassal vend, les ventes
iront au vassal, et le Seigneur en sera frustré. « Quare
abscisse statuendum est sic demum subinfeodationes ad-
mitti ut in totum nil prejudicii generetur domino primo
quominus obventiones et laudimia possit exigere de toto
feudo subinfeodato, aut parte convenire continget, et bail-
lium et rachatum exigere ex mutationibus contingentibus
in persona secundi cui concessio facta est, et homagia et
cetera debita : et ipse vassalus secundus teneatur compre-
hendere omnia tam subinfeodata quam retenta in catalogo
et professione censuali, perinde ac si nulla subinfeodatio
facta esset et nullum respectum ad eam habendo. » C'est

(1) Col. 1506.

au même ordre d'idées que se rattachent les art. 364
et 365 qui déclarent que les hypothèques ne sont pas opposables au seigneur, et que les partages ne nuisent pas à
la solidité. Mais il admet que le vassal peut céder son droit
sans le consentement du seigneur. « Nil interest domini
primi alium accipere eisdem legibus et conditionibus, neque enim hic sicut jure feudali scrupulosi sumus in qualitatis identitate reposcenda, et hic proprie elucet illud quod
dicitur feuda esse patrimonialia, quæ propositio intelligi-
tur de juribus ipsorum vassalorum in alium libere trans-
ferendis, sed eadem lege et conditione, ne quid omnino
utile domino pereat aut imminuatur, exclusa duntaxat necessitate consensus domini in alienationibus, (1). » Si le vassal sous-inféode, il ne doit pas diminuer les rentes anciennes, pas plus qu'il ne peut franchir ses sujets. Si une cor-
poration religieuse acquiert un fief, la cession n'en sera
pas validée par le fait seul qu'elle aura présenté l'homme
vivant et mourant ; le fief est desservi *competenter*, mais le
seigneur ne peut espérer toucher les ventes, car de semblables propriétaires n'aliènent pas. L'intérêt pécuniaire
du seigneur prime donc tout : s'il est satisfait, il n'a rien à
dire ; sinon, il peut se plaindre ; la personne du vassal
n'est pas prise en considération. L'époque de d'Argentré
déteint sur lui et rétrécit son horizon.

Cette préoccupation des intérêts du seigneur apparaît, plus
absorbante encore, dans la question des droits féodaux. La
représentation restreinte au neuvième degré, l'exclusion des
parents d'une autre ligne n'ont pour but que d'accroître les
sources de profits. Les droits casuels n'ont rien d'odieux.

(1) Col. 1507.

« Le droit de bail peut au premier abord revêtir un aspect de dureté, mais il ne faut pas oublier que c'est une
condition de la concession, qu'il y a eu consentement ré-
ciproque, que de part et d'autre les mains se sont jointes,
que chacun est libre de donner son bien aux conditions
qu'il lui plaît: on a des deux parts baillé sa foi, il faut s'en
tenir aux conventions et les respecter. Le vassal n'a pas
été obligé d'accepter la concession, c'est sur ses instantes
prières qu'elle lui a été accordée. Si le bienfait lui pèse, il
n'a qu'à y renoncer, on en trouvera bien d'autres pour tenir
le fief à des conditions identiques si on le leur offre. Il faut
s'en tenir aux conventions, le droit des gens, l'obligation
positive, le gage toujours présent du bienfait reçu en font un
devoir au vassal. Toutes les fois qu'il contemple sa terre,
qu'il y pénètre, qu'il en jouit, qu'il songe au bienfait qu'il
a reçu, qu'il se rappelle les conditions et le but de ce cadeau : il ne peut vraiment parler de sa pénible situation,
lui qui ne pouvait rien donner en échange de tout ce qu'il
a reçu. Qu'avait donc du Moulin dans l'esprit, lui d'ordinaire sage et réfléchi, quand il déclare odieux tous les
droits féodaux, bail, relief, rachats, lods et ventes, et qu'il
prêche la diminution de ces lourdes et honteuses servitudes
qui poussent les hommes à la fraude. Ou bien du Moulin
donne ici un accroc à la logique, ou je ne vois pas de contrat plus respectable que le féage, ce cadeau qui se renou-
velle incessamment, où l'on doive par conséquent exiger
plus strictement la bonne foi et le respect de la parole
donnée. Quant à dire qu'il pousse à la fraude, est-ce sa
faute, ou celle du genre humain (1)?

(1) Col. 331.

Ces droits féodaux, rachat et ventes sont donc parfaitement légitimes, pourvu qu'il y ait changement de vassal : voilà les deux pôles de sa théorie. Si dans une année il meurt deux vassaux, le seigneur a droit d'avoir deux rachats. L'affranchissement des rentes, ne touchant qu'une clause accidentelle du féage, laisse subsister le rachat, il est injuste d'obliger le seigneur d'attendre pour en jouir la mort des usufruitiers, comme le juveigneur ou la douairière. Mais d'autre part, la femme qui se marie n'en doit pas, car il n'y a pas changement de vassal.

Il en est de même des ventes, elles ne sont dues que si l'immeuble change de main ; elle ne sont donc pas dues par exemple pour la vente des meubles ou l'échange, à moins qu'on n'échange un meuble contre un immeuble, si l'on constitue une rente foncière, ou une servitude, si l'on cède une faculté de réméré, une action personnelle ou réelle, si la vente est nulle, dolosive, rescindée comme faite par un mineur ou un non-propriétaire. La promesse de vente, la vente même tant que la tradition n'a pas eu lieu, la vente conditionnelle par conséquent n'y obligent pas. Mais si, après avoir pris possession, on fait une déclaration de command, il y a deux ventes, deux droits à payer par conséquent. Si je vends sous conditions de rachat, de quelque manière que soit conçue cette stipulation, la vente est parfaite, les espèces comptées, la tradition opérée, ce n'est pas le contrat qui est conditionnel, ce n'en est que la résolution, les ventes sont dues. Si je vends à terme, elles sont dues à moins que l'entrée en possession ne soit reculée jusqu'à l'échéance du terme. Si le contrat est résolu avant la tradition, le seigneur eut-il fait sommation de les payer, les ventes ne sont pas dues. Quant au partage, les ventes ne sont dues que si la licitation fait passer le bien aux mains d'un étranger. Enfin il n'en est pas dû pour les baux de longue durée, à moins qu'ils ne soient à vie ou perpétuels, car il y aurait là matière à trop de fraudes (1).

Il ne faut pas croire cependant que tout d'Argentré soit là ; il a sans doute la notion du droit féodal, mais il a à un beaucoup plus haut degré encore la notion du devoir féodal. Le féage est un contrat synallagmatique, d'Argentré s'est d'abord adressé aux vassaux en leur demandant d'exécuter loyalement un contrat librement consenti, voyons-le maintenant se tourner vers les seigneurs. Avant tout, il se préoccupe d'écarter tout ce qui pourrait être vexatoire : pendant l'an du rachat, le seigneur ne doit pas obliger aux dénombrements, aveux et rentiers, il ne peut s'opposer aux coupes de bois sous prétexte que l'on diminue la valeur du fonds. Grâce à lui (2), les inexactitudes involontaires dans les montrées sont moins sévèrement punies que les volontaires, le vassal a un an au lieu de trois mois pour faire son dénombrement (3). Il blâme l'art 349 N. C. qui ne lui permet pas d'exiger une reconnaissance de son droit par son seigneur. Il fait préciser la formule de l'hommage pour prévenir les nouveautés, *insolentiam* (4), il regrette que l'on n'ait pas rédigé par écrit les droits particuliers des seigneurs (5). « Ils ont craint, dit-il, de ne pas réussir auprès d'hommes sérieux, et espéré avoir plus de

(1) Col. 259, 260, 282, 285, 287, 2315.
(2) N. C. art. 133.
(3) N. C. art. 360.
(4) *Ait.* art. 333.
(5) *Ait.*, art 684.

succès près des juges de campagne. C'est ouvrir une porte
aux puissants pour prouver ce qu'il leur plaira, et laisser
aux foules corrompues et incertaines le soin de décider ce
qu'il fallait absolument mettre par écrit. »

Il est certains droits que d'Argentré ne reconnaît pas
aux seigneurs : « nam varia est et adulatrix sententia scho-
lasticorum qui putant et dicunt dominis tantum licere in
vassalos ut eos cædere aut quantum libet moderate casti-
gare eis liceat, quod nos magistratibus demum permitti-
mus, nec in libero regno, ubi leges vigent et tyrannis exu-
lat, privato cuiquam manus afferre, ac ne convitium quidem cuiquam objicere admittimus, alioqui futurum est
ut omnia ardeant rixis, coitionibus, turbis, nec retaliandi
sit ullus modus (1)... Alexander tenet nobiles homines suos
mediocribus plagis afficere, quæ sententia, præterquam
quod nullo jure nititur et tyrannidem resipit, non mag-
nopere probandu est ad interdendam ferociam hominum
per se plus satis insolentium, quare melius jure et legibus
vitam agi nocentes emendari nimium periculi privato in
arbitrio est (2). » Le vassal ne peut être privé de son fief
s'il a déposé ou plégé contre son seigneur, car il a aidé à
faire connaître la vérité. L'aide de chevalerie, grâce que
souvent l'on sollicite, est un peu le fait d'un mendiant et
d'un homme qui ne peut soutenir sa dignité ; d'Argentré ne
se résigne à l'accorder que parce que c'est une tendance générale de l'esprit humain de rechercher les ornements, et
qu'il est difficile de savoir si on l'a sollicitée ou non (3).

(1) Col. 467.
(2) Col. 208.
3) Col 394.

Le vassal n'est pas tenu d'accquitter les dettes civiles ou criminelles du seigneur, de payer ses amendes ou ses réparations civiles, mais seulement de cautionner sa présence au procès et le payement des amendes et des frais (1).

C'est sur le droit de guet que d'Argentré fait le mieux connaître toute sa pensée (2). « Hæc causa initio originem præbuit excubiis, bella aluere, insolentia animi et potentia in legem traxit. Magnæ olim et Francis et majoribus nostris dimicationes de principatu fuere, crebra intestina certamina, quibus subditi subinde agitati proximas quasque in arcessese recipiebant. Placuit id tunc publica privataque de causa et communi in periculo ; qui evocati ad nomen non respondebant, modico ære mulctabantur. Salubre consilium tyrannis alio detorsit, sicuti mala exempla omnia. Reddita pace patroni subinde motum ex hoste causificantes, dulcedine tum lucri, tum imperii molesti operum exactores esse cœpere, ac subditos subinde appellando fecere ut illi necessariis operibus evocati pecuniola defungi molesto munere quam operis mallent. Hinc injuria in jus versa assuetudine, gratuita opera in necessitatem abiit. Subditi excubias pendunt pace, bello arcibus excluduntur, qui casus est quo jure subditi domino debita negare possunt. » L'ordonnance de François Ier (septembre 1535) a essayé de remédier à cet état de choses ; d'Argentré déclare lui aussi que si la concession a été faite avant la construction du château, le guet n'est pas dû pour le fief concédé ; si l'on n'en connaît pas l'origine, il le considère plutôt comme un impôt que comme une redevance contractuelle. Il faut en exemp-

(1) Col. 395.
(2) Col. 403.

ter les veuves, les orphelins et les petites gens. « Talia
sunt potentiorum commercia, dit-il en terminant (1), quod
debeas inexorabiliter exigunt, si quid debeant ipsi, æternum
debere volunt. Imperiosi domini, dit-il encore, en parlant
des corvées, plerumque talia ad voluptaria ædificia pro-
ducunt tyrannice et impotenter (2). »

Aussi n'y a-t-il pas lieu de s'étonner qu'il regrette le bon
temps où les concessions étaient faites à charge de redevances insignifiantes. « Quod majores nostri multo liberalius et splendidius faciebant quam nos hodie, cum creber-
rime pretiosa feuda parvo concessa ab his videamus et plerumque indictis obsequiis personalibus ludicris et pene
stultis, ut virgines basiandi aut novas nuptas cogendi ad
insiliendum in lacunas aquâ plenas, tum maritos ad ferien-
dum postes (quintanas vocant) aut ranas compescendi aut
muscum conquirendi, ad ea obsequia quæ honestius ta-
centur. Est etiam qui sibilum, saltum, crepitum edere si-
mul eodem momento debeat in gratiam domini, addita
mulcta, pro feudo amplo et locuplete, sive eo tempore quo
concedebantur minus fuit hominum, sive magis splendida
erant hominum qui tum vivebant ingenia. Nunc rei stu-
demus, et contra regulares feudorum leges feudum nunc
non datur nisi quanti valet (ut loquuntur) et æquo cum
fructibus reditu (3)... ab hac contractus specie quæ est feudi
sive feagii, consuetudo in totum pecuniæ interventionem
exclusit : est enim contra substantialia feudi, cum benevola
et gratuita ratio diffiniatur esse feudum, quare corrum-

(1) Col. 407.
(2) *Ait*, art. 87.
(3) Col. 307.

puntur substantialia, talis contractus si ea intervenit, et actus in aliam conventionis speciem transit, et desinit esse feudum (1). » Le résultat de la vente est que le vendeur perd le fief, eût-il entendu retenir l'obéissance. De là vient son mécontentement de la permission octroyée par les art. 358 et 359 N. C. d'afféager moyennant rentes et deniers d'entrée les terres non cultivées : c'est enlever au féage son caractère de contrat à titre gratuit, et nous avons vu que c'est ce caractère qui le rend si respectable aux yeux de d'Argentré.

C'est surtout à l'article de la justice qu'il entre pleinement dans la vieille conception du fief. La justice ne doit pas être pour le seigneur une source de profits : leur diminution ne lui donne donc pas le droit de s'opposer à ce que ses hommes se soumettent à une autre juridiction ; il faut dans la faculté de contracter tenir principalement compte des contractants et faire respecter leur volonté, et ne pas l'éluder, en faisant intervenir la personne du seigneur, sous prétexte de ses profits judiciaires, ce qui est une raison bien froide et bien peu opposable à la volonté des parties (2). C'est pour cela qu'il ne veut nulle exception à la faculté de compromettre (3). C'est sans raison et sans réflexion que l'on dit généralement que les prorogations indéfinies de juridiction ne peuvent avoir lieu au préjudice du seigneur ; cela n'est vrai qu'en matière féodale, à cause de l'importance du fief concédant et du rôle actif qu'il a joué dans la concession. Mais quand il s'agit de la juridiction ordinaire sur toute autre matière que les matières

(1) Col. 1513.
(2) Col. 37.
(3) Col. 66.

féodales, il en va tout autrement ; cette justice est *plutôt personnelle que réelle*, on peut l'enlever à celui qui l'exerce, on peut donc la proroger ; le seigneur n'a pas plus le droit de se plaindre en ce cas, si l'on ne s'adresse pas à lui, qu'un pêcheur ne pourrait faire de procès à ses compagnons de pêche, si les poissons allaient en plus grand nombre se jeter dans leurs filets, ou un aubergiste à ses confrères, si leur boutique était plus fréquentée que la sienne ; nul dans un procès qui ne l'intéresse pas directement n'a le droit de chercher une occasion de s'enrichir (1). »

La même pensée se fait encore jour, lorsqu'il soutient que le seigneur de fief ne peut empêcher de légitimer un bâtard, sous prétexte qu'il perd par là l'espoir de recueillir sa succession ; de même qu'il ne pourrait dans ce but l'empêcher de se marier ; « permittendum est cuique sibi potius et suis consulere quam alteri, modo si sine fraude fiat et ex lege, non magis quam impediendas interrogationes gratiarum aut remissionum prætextu confiscationis delatæ (2). »

Il a de cette justice seigneuriale une haute idée. Car, dit-il à propos de l'art. 35, A. C., obligeant les seigneurs à s'enquérir du gouvernement de leurs officiers, « ratio redditur inquirendum esse in judicantes, ne ditiscant, quæ impulsiva potius causa est, et una de multis, nec ea universalis, et pecuniam, id est quod minimum est, respicit. Quia ille potius justitiæ finis spectandus ut nemo lædatur, jus suum unicuique tribuatur, honeste vivatur, domini et patroni officio suo hac in parte fungantur. » La

(1) Col. 194.
(2) Col. 1781.

justice est quelque chose de tout à fait distinct de la propriété. « *Etsi cum domanio conjuncta est, tamen per se subsistit et separabilis est, intellectu atque etiam actu, et per se tanti momenti est, ut accessionis loco nequaquam cedere debeat, sed per se exprimi, nec in generica concessione subintelligi, quæ specialem provisionem mereatur* (1). » De là vient qu'il reproche si souvent à la coutume (art. 22, 28, 45) d'employer indifféremment l'un pour l'autre les mots fief et justice, car si en Bretagne ils ne sont jamais séparés, ils ne sont cependant pas inséparables. Aussi n'admet-il pas qu'on parle de la patrimonialité des juridictions (2). Qu'est-ce en effet que la justice, sinon une délégation du pouvoir suprême, *potestas de publico introducta cum necessitate juris dicendi et æquitatis statuendæ*, une fonction essentielle de l'Etat excercée héréditairement par un particulier.

Il est un mode d'amodiation des terres, particulier à la Bretagne, et dont il semble étonnant que d'Argentré n'ait pas parlé avec plus de détails ; c'est le domaine congéable. Il s'en occupe à deux reprises (3), mais plutôt pour signaler les affinités qu'il peut présenter avec des contrats de droit romain que pour en faire remarquer l'originalité. Toute sa théorie se réduit en somme à conclure que le bail à domaine congéable fait pour une durée qui n'excède pas neuf ans est une simple location, et que par conséquent il ne doit donner lieu ni au retrait ni au payement des ventes. Il n'en est pas de même si la concession est faite

(1) Col. 972.
(2) Col. 1409-10 et 2379-81.

pour une durée indéfinie ou supérieure à neuf ans. En tous cas, les ventes ne sont pas dues au seigneur domanier, mais au seigneur féodal : quelle qu'en soit la durée, d'Argentré y voit donc toujours plutôt une concession de jouissance qu'une concession de propriété. Quelle est la raison de ce silence relatif? Nous n'en voyons qu'une seule ; le domaine congéable était surtout usité en Basse-Bretagne, et d'Argentré connaissait surtout les usages de la partie haute du pays. C'est peut-être aussi ce qui explique qu'il n'ait pas parlé du métayage : les redevances fixes en nature étant bien plutôt que les redevances en quotité usitées dans les exploitations rurales que présente à nos yeux la Bretagne de son temps.

CHAPITRE V

LES PERSONNES

En ce qui concerne les personnes, les idées de d'Argentré sont loin d'être aussi originales. Du moment qu'on écarte le point de vue romain pour ne voir dans la famille qu'une institution protectrice de la faiblesse (et tout concourait à pousser d'Argentré dans cette voie) peu importe à l'état politique et social d'une nation que cette protection s'exerce d'une manière plus ou moins étroite, et c'est surtout dans le droit privé ce qui touche au droit public qui a le don d'intéresser le jurisconsulte breton. S'inspirant des idées qui ont présidé à la formation du droit breton, il en tire, il en développe les conséquences, mais sans y mettre cette ardeur, cette passion qui l'échauffent, quand il s'agit de ces questions vitales dont dépend le maintien ou la ruine du régime féodal.

La coutume de Bretagne était favorable au mariage. La constitution d'un nouveau ménage émancipe le fils de famille, car la femme, dit d'Argentré, cesse d'être en puissance de père pour être en puissance de mari ; la donation pour cause de mariage n'est pas révoquée au cas de survenance d'enfants ; enfin celui qui s'est marié sans le consentement de ses parents, ne peut pour ce fait, du moins jusqu'à la réforme de 1580, être exhédéré. Il n'est donc pas étonnant que d'Argentré professe pour le mariage une grande considération. Il faut voir notamment comme il stigmatise les concubines et comme il est sévère à l'égard des bâtards : « Pudenda certe dubitatio hominum christianorum de his donationibus quas affectionis causa jurisconsultus appellat, quæ stupri causa, aut alterius improbæ consuetudinis causa fiunt, cum scripturæ auctoritas, concilia patrum œcumenica fornicationem damnarent, ea quoque damnari oportebat quæ improba consuetudo elicuisset. » Il condamne donc tout commerce illégitime et loue hautement la coutume d'avoir pris ses mesures pour que nul, en ayant une concubine, ne se flattât de l'espoir d'une véritable postérité : c'est dire qu'il refuse aux bâtards le droit d'hériter de leurs parents, à ces bâtards qui font si peu partie de la famille qu'ils n'ont même pas le droit de poursuivre en justice le meurtrier de leur père ou de leur mère. (N. C. art. 610). La haute idée que d'Argentré se fait du mariage se traduit encore par son hostilité à l'égard des mariages d'argent : c'est ainsi qu'il déclare nulles les donations que les époux se font après les fiançailles, car ce ne sont pas les richesses de l'un qui doivent réchauffer l'ardeur de l'autre; c'est ainsi qu'il eût voulu que la veuve perdît son douaire si elle venait à se remarier. « Mais, dit-il, ce n'est pas acheter une femme que de s'assurer ses bonnes grâces par un cadeau qui en est comme le gage, la récompense anticipée. Tale commercium actus non recipit, nec æstimationem conjugalis amor. Sacratus cum sacra celebrat, gratuitam operam sancto officio impendit nec vendere dicitur, cum carnalia metit spiritualia seminando. Non est ista religiosæ operæ emptio, sed consequentia extrinseca, quod si aliter accipitur, nulla gratia futura est, nec medicorum operæ, et philosophorum studia emi dicuntur, cum salaria impenduntur (1). »

Au fond cependant, tout en disant de fort jolies choses sur la femme, « la seule chose avec le navire que l'on n'orne jamais assez, » il semble bien qu'il en avait un peu peur. « Il ne fait pas bon, dit-il (2), essayer d'en avoir raison par la violence, car celles qui se font appeler maîtresses de maison ne se laisseront pas châtier par leur mari sans poursuivre leur famille et remplir leur demeure tout entière d'éclairs et de tonnerre avec un indomptable acharnement ; » leurs caresses intéressées l'effraient encore plus que leur violence, car il redoute les avantages qu'elles peuvent s'attirer ainsi. Il ne faut pas, dit-il, que la loi lui assure tous ses joyaux, car elle ruinerait son mari en dépenses de toute sorte pour se faire avantager. Il n'admet pas que le mineur puisse faire par contrat de mariage de donation à sa future épouse, et s'inquiète fort peu de la règle *habilis ad nuptias* (3). Il approuve l'interdiction faite aux époux de léguer quoi que ce soit à leur conjoint. « Notre droit a jugé bon et utile, dit-il, de réprimer les mouvements irréfléchis de la volonté, et de fixer pour tous les cas ce qu'il était juste et convenable qu'une femme honnête pût gagner en se mariant. Le mariage amène la communauté des biens, il appelle à jouir du travail d'un autre l'être le plus faible qui existe, et lui fait par conséquent une faveur

(1) Col. 1057.
(2) Col. 2097.
(3) Col. 733.

à laquelle il n'avait pas droit. Notre droit y a joint l'attribution d'un douaire et permis certaines donations,
notamment les donations réciproques. Mais il n'a pas
voulu qu'on pût tout changer au moment de la mort,
oublier ce qu'on doit à sa race et à sa famille, il
n'a eu aucune confiance dans ces larmes souvent fein-
tes que répand le survivant : c'est aux vivants et non
aux moribonds, comme l'a dit Platon, qu'il appartient de
s'occuper de leurs affaires temporelles (1). » Il revient encore sur cette question dans le traité des appropriances.
«Je n'approuve pas entre époux la liberté illimitée de se
faire des donations; si l'on n'est pas sur ses gardes, la
violence du sentiment, la crainte, la ruse, les caresses,
souvent même les manœuvres coupables d'un esprit très
rusé peuvent vous arracher des cadeaux excessifs (2)... c'est
en considération *generis et gentis* que nos usages ont voulu
mettre des bornes à la violence d'un amour intempestif,
sans quoi le donateur, s'il survivait, risquerait fort de se
trouver fort appauvri et de voir passer sa fortune aux héritiers de son conjoint (3)... toute donation faite au lit de
mort, fût-elle revêtue de la forme contractuelle, est nulle,
car il n'y a nulle égalité entre deux personnes dont l'une
va mourir, et dont l'autre se porte bien (4). » La sévérité
sur ce chapitre est encore plus grande lorsqu'il a sur la valeur morale du penchant qui a inspiré ces donations des
soupçons fort légitimes, comme à l'égard de celles *quæ
amasiæ ab amatore ob libidinem fiunt.* « Christianæ genti

(1) Col. 165.
(2) Col. 1051.
(3) Col. 1058.
(4) Col. 166.

denunciata verbo Dei prohibitione, et scortatione a Paulo inter nefanda posita, et vetito concubinatu, hand dubie is casus inter vetitos reponendus est (1). » S'agit-il de mariages mal assortis, ou de seconds mariages, ses opinions sont les mêmes (2). « Senex aliquis capularis, juventute intemperanter acta, effæta demum ætate, et matrimonio inhabilis, virginem deperit, recusantem patrimonio mercatur, et ulturus hæredem sui probri periculo denique ducit. Hic tibi favor ex matrimonio importune quæritur, cum senex amans delicias facit morti. Hic aut mala aut inconsulta mens donatoris perspicua, et illa nupta providere debuit ne tali se marito jungeret, cujus inutilis et plena suspicionum futura esset conjunctio. Donavit, ais, ut duceret repugnantem, quid tum ? Sed eam ducendi voluntatem pellexit hæredis odium, aut libido, aut intemperati mores, aut importuna consuetudinis muliebris assuetudo. Non vera hæc, sed effigiata causa est, obtentus matrimonium, res ipsa intemperantiam loquitur. Sed tamen ducta, inquis, sed tamen delibata, sive is maritus, sive is vicarius fuit. Sed quis adegit, nisi libido, aut depravati mores, aut hæredis odium... Intemperie et æstu libidinis actas fœminas tres, quatuor aut amplius maritos expertas, etiam quintum pretio patrimonii redimere, qui veteres etiamnum fossas impleat, et quod (ille ait) parum pudenter fortasse, sed tamen nimium vere, ad mensuram inguinis. Et tamen ad hæc cœcutimus judicantes, et valere patimur mercedem intemperantiæ, legum ludibrio. Me quidem auctore, tales omnes corruent. Quid, quod matres

(1) Col. 1052.
(2) Col. 649, 650.

ipsæ animos novercarum induunt, et incenduntur adversus liberos qui donationibus obsistunt, sic ut nullæ no-
vercæ infensiores sint, quarum furori quadam ex parte
obviam itum est ordinatione Henrici regis II, sed ea sera
et quæ patrimonio non satis cavit. » Sur ce sujet, il est in-
tarissable. « Quis non videt, dit-il à propos de l'article
qui maintient à la femme remariée la propriété du
douaire (1), superstitibus liberis fœminas opibus priorum
maritorum ad iteranda matrimonia provocari, procos illici
et de spoliis priorum redimi sequentes magna liberorum
fraude. Nam toties admissarios recipientibus quæ gratia
pudicitiæ et floris quo doaria volunt tribui. »

Cette défiance à l'égard des femmes, fondée sur le sentiment de leur puissance, a naturellement modifié les idées
que d'Argentré pouvait avoir sur leur capacité. Dans le droit
breton, en effet, la femme est considérée comme un mineur et l'autorisation maritale comme une mesure de protection. Si les époux sont mariés sous le régime de séparation de biens, alors par conséquent qu'il n'y a pas d'intérêts communs à sauvegarder, la femme ne peut cependant contracter, aliéner, hypothéquer, tester ni donner
sans l'autorisation de son mari : elle ne peut constituer
une dot que dans les limites où le mineur le peut ; si le mari
refuse son autorisation, il faudra avoir recours aux formalités auxquelles on est tenu à l'égard du mineur : l'autorisation doit être expresse, il ne suffit pas que les deux
époux contractent conjointement. Le devoir de protection
du mari est tellement étendu que si la justice a autorisé
sa femme à ester en justice ou à accepter une succession,
il n'en est pas moins tenu de veiller à la bonne direction

du procès ainsi qu'à l'emploi de toutes les sommes que sa femme peut recevoir. Il n'y a donc rien d'étonnant à ce que le mari soit en Bretagne curateur de droit de sa femme mineure, et surtout à ce que ses pouvoirs soient très étendus sous le régime de communauté, à ce qu'il puisse, par exemple, intenter les actions réelles de sa femme.

Les idées de d'Argentré sont un peu différentes. Sans doute, il appelle bien de temps en temps la femme un être faible, *imbecillum animal*, et l'on serait tenté d'attribuer à un sentiment d'affectueuse pitié l'approbation qu'il donne aux mesures qui lui sont favorables, droit de conserver les présents que son mari lui a faits, même si la communauté n'est pas encore acquise, maintien de son douaire si elle le laisse dépérir, interdiction au mari de donner en dot tous les conquêts : si elle renonce à la communauté, ceux-ci sont comptés pour la fixation de son douaire, car ils sont alors réputés propres du mari, et si elle consent à leur aliénation, elle n'est pas censée avoir renoncé sur eux à son droit de douaire.

Mais, en d'autres endroits, son opinion est tellement nette qu'elle ne laisse subsister aucun doute. La femme n'est pas naturellement incapable puisque les filles et les veuves peuvent contracter sans autorisation, puisque les femmes peuvent être témoins dans un testament. La vraie cause de la nullité des actes qu'elles passent sans l'autorisation de leur mari, c'est la crainte des fraudes qui pourraient en résulter. « Alioqui, dit-il (1), maritorum impulsu et clamculariis arcanis de bonis mulierum multa possent

(1) Col. 1619.

alienari fraude ipsarum et hæredum, interpositis emptoribus, sine metu recompensationis, non præstando auctoritatem et ficta ignorantia. Fatendum, dit-il ailleurs (1), hoc jus nostrum quo utimur et patimur indistincte liberari hypothecas de mulieris consensu imprudenter esse constitutum ; et sic demum liberationes hypothecarum admittendas fuisse, si in bonis viri superest unde alienationes compensentur, ut doarium tribueretur : quod hactenus non est observatum usu, et valuere maritorum alienationes de rebus suis et approprimenta de talibus facta citra respectum talium debitorum, veluti remissio pignoris ab uxore viro facta non sit donatio. Sed aut alienatio indistincte de consensu mulieris permittenda non fuit, quod solemus hactenus tamen, aut acquirentes non fuerunt inquietandi pro hypothecis alienatis, aut adjiciendum huic juri ut ita demum valerent, si maritus in residuo bonorum suorum maneret solvendo. » La conséquence de cette théorie sur la capacité de la femme fut que d'Argentré en vint naturellement à considérer l'autorisation du mari, non comme un complément de la personnalité de la femme, mais comme un engagement de sa part, et à le déclarer tenu de payer les legs du testament qu'il aurait autorisé.

L'idée de protection du faible se retrouve encore plus marquée dans la théorie de la minorité. Dans le droit breton, tel que l'avait établi la rédaction de 1539, la minorité cessait à l'âge de 20 ans. Seul le mineur commerçant pouvait à 17 ans vendre des choses mobilières. A 20 ans, le mineur devenait majeur, mais les actes qui émanaient de lui devaient pour être valables, tant qu'il n'était pas

(1) Col. 1673.

émancipé, être revêtus de l'autorisation de son père. A 14 ans, le mineur cessait d'être en tutelle pour être en curatelle, deux mots qui signifiaient absolument la même chose. La réforme de 1580 modifia considérablement cet état de choses. L'âge de la majorité fut porté à 25 ans, grâce aux efforts des non-originaires, au grand désespoir de d'Argentré, qui déclare dans son *Aitiologie* (art. 483) que la tutelle n'étant qu'une déprédation des biens du pupille, il fallait y mettre fin le plus tôt possible. En conséquence, la coutume permet d'émanciper le mineur à 20 ans : l'émancipation cesse d'être uniquement la sortie de la puissance paternelle. L'incapacité du mineur n'est pas trop étendue : il peut faire les actes conservatoires, interrompre les prescriptions qui, par conséquent, courent contre lui, on peut lui faire des offres réelles, le délai accordé pour opérer un retrait n'est pas prolongé à cause de la minorité.

La tutelle en Bretagne est uniquement une mesure de protection : c'est ce que d'Argentré a soin de faire remarquer à propos de la théorie du bail. En France, le bail et la tutelle se confondent dans la personne du plus proche parent ; en Bretagne, il faut toujours distinguer le baillistre, qui est le seigneur du pupille et qui a tous les profits, et le tuteur, son parent, qui a toutes les charges. D'Argentré entre pleinement dans ce sentiment. Il demande, sans toujours pouvoir les obtenir, des peines sévères contre ceux dont le devoir est de faire nommer un tuteur au pupille, et qui s'abstiennent de ce devoir (1) ; il s'oppose à toute dispense d'inventaire, à toute dispense de caution ; la prescription des actes passés

(1) *Ait.*, art. 486.

entre le mineur et le tuteur doit être de 30 ans et non pas
de 10, comme le soutiennent certains auteurs. Puisque la
tutelle est une protection, on doit en charger la personne
que l'on peut supposer la plus attachée au pupille : le père
doit en conséquence être préféré à l'aïeul, même s'il est en
puissance de celui-ci (1). Le droit romain a donc tort de
confier la tutelle à l'héritier présomptif, et le droit coutumier de la donner de préférence aux parents paternels (2).

Cette protection était d'ailleurs tellement dans les idées
bretonnes que les idées de d'Argentré furent bien dépassées
par la jurisprudence du parlement. D'Argentré exigeait
l'avis des parents nominateurs à la tutelle pour l'aliénation
des immeubles, mais le consentement n'entraînait pour eux
aucune responsabilité. Le parlement les déclara responsables : la conséquence fut qu'on eut toutes les peines du
monde à en trouver : l'excès de la protection se retournait
contre le protégé.

La puissance paternelle est encore pour d'Argentré une
mesure de protection. Le père est un tuteur comme un autre, soumis à l'inventaire, obligé de donner caution, de
rendre des comptes, soumis pour aliéner aux mêmes formalités que les tuteurs ordinaires, tenu de colloquer les deniers qui en proviennent. Le père est le tuteur légitime
(art. 465), il est absurde d'en donner un autre au mineur,
comme le prescrit le droit romain. Quant à l'usufruit
sur les biens que possède l'enfant, le père n'y a aucun
droit : d'Argentré le répète en vingt endroits. « Jure patrio
pater nullum habet usumfructum in bonis maternis (3).

(1) A. C., art. 473.
(2) A. C., art. 478.
(3) A. C., art. 473.

Habet tutelam et curam, usumfructum nequaquam (1).
Omnino humanius visum liberorum fortunas qui a patribus ali potius deberent, subduci patribus non oportere,
sed suo vivere, nec de aliena chænice demensum ca-
pere (2). » Si le père se conduit mal, on peut lui enlever
la tutelle, mais le père ne peut sans motif émanciper son
fils, car ce peut être un malheur pour celui-ci. Cependant,
quand les vices de celui-ci sont tels qu'ils paraissent in-
corrigibles, il faut bien lui permettre de se soustraire par
l'émancipation aux conséquences pécuniaires de ses délits.

Une chose cependant ne peut s'expliquer de la sorte,
c'est le maintien de l'autorité paternelle pour compléter
la capacité juridique du fils de famille majeur qui ne peut
sans elle, ou à son défaut sans l'autorité de justice, ester
en justice, contracter, accepter une tutelle, etc. « Jus nostrum nullo casu de contractu obligari permisit non auctore patre. Nihil de maternis, nihil de adventitiis in judicium deducit non auctore patre. » Il y a là évidemment un
souvenir du droit romain, où l'idée de protection n'entre
pour rien, car un homme de quarante ans est pleinement
capable ; et cependant l'introduction de la justice pour
autoriser à défaut du père, démontre par la singularité
même de ce mélange d'idées contradictoires, combien l'idée
est au fond du droit breton. Il serait facile de retrouver
dans d'Argentré des traces nombreuses de cet esprit d'indépendance qui semble avoir animé les [fils de famillede
la péninsule armoricaine, notamment lorsqu'il signale les

(1) A. C. art. 499.
(2) A. C. art. 214.

inconvénients que peut avoir pour un père un abandon de ses biens, « cum præsertim hodie tam incertæ sunt juventutis voluntates et liberorum gratitudo ut nemo de suo periclitari velit tam fragili futura gratia, velitque potius ab experimentis et ingenio cujusque discere qualis ergo se futurus sit animus instabilissimi animantis, neque quisquam in tanta volubilitate ingeniorum, quæ nunc sunt, et liberorum contumacia velit ab alieno arbitrio pendere demum et pœnitere (1). »

(1) Col. 1941-42.

CHAPITRE VI

LES SUCCESSIONS

Pays de partage égal à l'origine, la Bretagne avait vu peu
à peu, à l'imitation des provinces voisines, des usages dif-
férents s'implanter chez elle : l'arrivée au trône d'un Plan-
tagenêt accéléra ce mouvement et l'assise ou ordonnance
de 1185 consacra son triomphe. Les fiefs de baronnie et
de chevalerie furent déclarés indivisibles, à charge par les
aînés de pourvoir à l'entretien de leurs cadets ; moins exigeant, le *Liber feudorum* n'édictait cette indivisibilité qu'à
l'égard des fiefs de dignité. Mais on était loin du droit
d'aînesse appliqué à toute la noblesse ; on y arriva pro-
gressivement. Certaines familles, trouvant ce régime avantageux à leur conservation, se l'approprièrent. D'autres
n'attribuaient à l'aîné qu'un préciput. Ces dispositions
issues du caprice n'avaient aucune unité. Bientôt également,
sous l'influence des coutumes voisines, la part des puînés
fut fixée au tiers en usufruit.

Tout était donc très compliqué, et les usages nouveaux
contrariaient les idées que faisait naître la lecture du texte
ancien : d'Argentré eut le mérite de discerner très nettement les grandes lignes de l'assise : généralité du partage
égal avant elle, droit des puînés aux seuls aliments (1),

(1) Col. 1969 et 2167.

énorme extension donnée à l'assise par les ambitions privées, fausseté historique du partage égal avec préciput (1). Mais, quoique historien, son sens historique, nous avons eu déjà à le signaler, est souvent en défaut ; il rajeunit d'un siècle la très ancienne Coutume qu'il considère d'ailleurs comme une œuvre officielle ; il prend pour une constitution de Jean II une compilation d'usages angevins (2), il confond la chevalerie personnelle et la chevalerie réelle, et il en arrive à conclure que la succession d'un chevalier ou d'un baron est tout entière indivisible (3). Sur le *maritagium*, sur les *catalli*, on pourrait bien encore signaler de petites erreurs qui cependant ne doivent pas mettre en oubli la justesse de la vue d'ensemble.

D'Argentré est très hostile au testament. Nos ancêtres, dit-il (4), ont agi *melius, prudentius, sanctius* que les Romains quand ils ont déclaré que « is hæres esset mortui quem sanguinis proximitas et gradus propior ad gentis pecuniam vocaret. Ita lex pro homine testata est, quæ regula est constans, perpetua et incorrupta pro animante instabilissimo, incertissimo, versatili et semper in pejus cogitatione et perturbationibus ruenti, et omnino quod Plato scribit *phusei eumetabolo* ut a qua gente demigrasset hæreditas, eo jure certo et æquabili et natura ratione regrederetur. Quo invento nihil est salubrius in humanis commerciis repertum. Hac ratione obviam itum fraudulentæ et insidiosæ orborum captationi quam veteres satiræ ut frequentem illi ætati et juri olim tantum exagitant, Ro-

(1) Col. 2183.
(2) Col. 2171.
(3) Col. 2254.
(4) Col. 1031.

manæ pridem reipublicæ fædam cauponationem quis sug-
gesta, quis supposita, quis falsificata testamenta non audiit,
aut Romanorum leges Cornelias ? Quis illa Hortensii et
Crassi indita falsis testamentis nomina, ut sub amplissimo
nomine veri hæredis jus eluderetur, falsum convinci non
posset talibus propugnatoribus ? Quis amplissimas hæreditates a probrosis fœminis libidini datas, ut ille loquitur,
partem quisque suam ad mensuram inguinis hæres. Il rappelle l'obligation d'instituer l'empereur son héritier et
ajoute : « Quibus probris si jure optimo liberamur, revul-
sis a radice causis mali, quis hunc sensum majorum non
laudet, et illam perversam sapientiam non detestetur. Hac
eadem ratione inofficiosæ propinquorum et parentum voluntates in liberos et genus suum frenum accepere, quorum maligna judicia frequentata illo seculo ostendunt ju-
risconsultorum querelæ. » Il rappelle que les Romains ont
été obligés de mettre des bornes à la liberté de tester et en
profite pour attaquer une fois de plus ce droit, « cruces
ingeniorum et Eridis pomum de senticosæ et salebrosæ ju-
risprudentiæ arcanis proditas. Tot perturbationibus, conclut-il, actas mentes infracta et immota lege frenari necesse
fuit, legemque poni ut qua quisque lege familiam accepisset,
eadem genti posterisque transmitti ne ægre ferret neve idem
jus nascituris invideret quo ipse quisquam crevisset... Nec sine
eventu res fuit quando ambagibus illis testamentorum ex usu
sublatis, certo et incorrupto jure hæreditates capi cœpere,
cum unus sanguis capiendi legem terminat... De hæreditali-
bus certe minimum est quod in tribunalibus nostris judica-
tur, etsi de modi cujusque mensura inter cohæredes existere
quædam controversiæ solent de personis capientibus lis

fere nulla... Quis furor, o cives, dit-il en parlant d'un célèbre procès où douze familles toulousaines se trouvaient
impliquées. Car illa Erynnis alitur tali jure aut injuria
potius ? Cur incendia jaciuntur, quibus omnes conflagrare
aliquando necesse sit ? Cur aces subduntur materiæ, prætextu quasi mos gerendus sit insanæ testantium libertati.
Istam tu quam libertatem testandi vocas, si compares cum
ista immedicabili litigandi necessitate, quis ex simplici-
ter non desipientibus anteponat in totum non testari potius quam abeuntem tectis ignem injicere. Improbum
scelerati hominis istud desiderium sit et humani generis et
suorum odio flagrantis cum vixeris fœlix, miserias postero-
rum optare, et quod dicere solent anniversarias offas propi-
nare palatiis et litigantibus, et Eudis sacra.

Cela lui tient tant à cœur qu'il y revient à chaque instant, et qu'au risque de nous répéter, il faut sur ce sujet multiplier les citations. « Quo facto, dit-il (1), importunæ hominum voluntates et enormes motus ad normam im-
motæ rationis exiguntur et strepitus tribunalium conquies-
cunt ut quando mortales de gradu rationis perturbationes
aliæ atque aliæ solent dimovere ; unalex æquabilis, et immota accurrat et pro homine testetur. Sic igitur edico
quo jure quoque lege quisque vestrum gentem, pecuniam,
familiam a majoribus accepit hac eadem in posteros red-
dat. Hæc cum dixit quisquam tam vecors est et usque adeo
insanit ut ad tam apertam vim rationis et æqui hiscat contra et etiam retentet illud suum uti quisque legassit et
malit exponi spes suas alienæ libidini et incertæ, cum
ex lege suum sine periculo tenere possit, quam lege incor-

(1) Col. 1903.

ruptæ credere, quasi non sæpius insaniant testantes. Hoc
ratio, hoc sanguinis necessitudo, hoc storgæ naturales et
æqualitas juris postulat. Si quid externis benefacere lubet,
de triente libet. Nam hæredibus justis de causis irato pa-
tent causæ et supersunt leges et morituros perturbationibus indulgere non licet. Denique infelicia talis juris in-
venta testantur infortunati profectus, clades patrimonio-
rum ubi illa obtinent, lites, odia.»

Puis vient l'intéressante anecdote que voici : « Extitit me
forum ingrediente regionibus his vir quidam principe loco,
familia et genere illustre, procuratione etiam regiæ potes-
tatis notus : hinc etsi ingenium non deerat, infensus tamen
hæredibus quamquam non perinde gravi de causa, rationem
sibi reperire videbatur qua consuetudinis vim eluderet ; id
quo facilius patraret, diligerat de potentibus quemdam cui
quas haberet ditiones amplissimas donaret. Sed is, cum
paulo post fato concessisset, easdem rursus alteri qui plu-
rimum apud principem tum poterat, donarat ne facile clava
detraherent Herculi, sed cum, quæ volubilitas fortunæ est,
is quoque loco excidisset, novas amicitias redimere homo
misere fœlix coactus est nullo suorum respecta. Quid tum ?
vivus vidensque expelli se vidit domo patria et avito patrimonio, et externum dominum in penetralia accepit illac-
rimantibus qui cederant, et precarium usum paternæ fortunæ quandiu vixit, vix tenuit, semper metuens, semper
suspensus ; si quid moliebatur, ædificabat, struebat, pone
protinus illi Nemesis et a domino monitor qui aurem velle-
ret, non placet domino, hic actus non est usufructuarii,
præjudicium facis donationi. Sic denique vixit, ut paternæ
domus conductor et inquilinus salutaretur. Quid denique?

exosus suis generique atque adeo externis quos crudele exemplum offenderet, decessit ; morienti vixdum efflata anima, extemplo advolarunt undique vulturii paludati togatique custodes, ne mori desineret, lecto vix stragula insterni passi sunt : notari vultum suum et valetudinem deficientis vidit ab his quibus longa erat mora morientis. Mortui cadaver vulgari sandapila, ne alienam possessionem funestaret, præeunte modico lumine elatum, nemine funus comitante de suis, sine honore et modico facello illatum, quod imbrés arcere non posset ; supellex quæ cuique obvia direpta aut compilata quæ magistratus diligentia conquiri potuerunt et furibus superfuere comportata. Hæredes exitiabili lite impliciti, cum de eo convenire non possent, principis quoque cupiditatem irritavere ; ea ille capi omnia distrahique jussit et pecuniam in fiscum redigi. De patrimonio quadraginta amplius annos litigatur inter donatarios et hæredes ; difficilis actio, nullus exitus alternantibus subinde opibus et factionibus partium insana controversia vultures alit.

De illo quidem sic de prudentibus quidam festive dixit, similem illum videri patrifamilias qui ingenti congesta materia veluti ædificaturus esset, stragulis copiosis omnigenoris pene sic comportatis omnibus exteruplo subjecta face omnia incendisset et se oculis hominum eripuisset : hoc Neronis, hoc Caligulæ consilium fuit, hominum furiosorum quibus futuri ævi nulla cura esset. »

« Cette infinie liberté, dit-il encore (1), était trop respectée, et les particuliers trop plus qu'assez favorisés contre le bien et avantage public, pour les passions qu'on a pra-

(1) Col. 2198.

tiquées entre les hommes, desquelles on les sait être tra-
vaillés et souvent emportés de mouvements et inclinations
fort peu réglées ni raisonnables, brutales, tortuées, mal
disposées, mal animées, mal accompagnées des considérations qu'il faut pour contregarder et maîtriser une trop
licente liberté. On a vu l'un faire sa paillarde héritière de
tout l'honneur et antiquité de sa maison, travail et valeur
de ses prédécesseurs, l'autre dépouiller ses enfants et l'affection naturelle en faveur d'une marâtre pour lui conqué-
rir un second mari de la dépouille du premier, bandé
d'injuste affection ; l'autre subverti de mauvais rapports
ou insidieuses pratiques d'un fils puîné empoisonnant l'es-
tomac paternel pour l'induire à supplanter la bénédiction
due à l'aîné, l'autre sans raison ni mesure aucune hâter,
dissiper ce qu'il n'a et ne saurait avoir acquis, les autres
emportés d'ambition et insidieux attraits donner leurs
maisons à grandes personnes, pour acheter l'affection à
prix d'argent et recueillir les fumées et amorces de vaines
et trompéresses promesses et pour chose de valeur et de
prix certain et assuré, marchander les vents et attentes re-
fuissantes. Bref, on a su que les hommes en mille et mille
sortes se sont en semblables choses endormis, séduits, per-
vertis, renversés et corrompus, de tant et tant d'occasions
qu'on ne saurait raconter. Si se doit contenter tout homme
de raison que la coutume testamente pour lui, en ce qui
concerne l'élection de la personne qui lui doit succéder,
tout ainsi le faisant activement qu'elle le fit passivement à
son profit, quand il y entra par même bénéfice, et prendre
en bonne part qu'elle rende en même bonté en l'ordre de
ses successeurs ce qu'il a reçu de ses prédécesseurs. » La

même hostilité, et pour les mêmes motifs, se fait jour à
l'égard des donations, qui peuvent faire passer « in me-
retricum sinum, lenones aut si quid turpius dici potest, »
des biens « qui sanguine, natura, genere, ordine ad liberos
et gentem venire deberent (1). » D'où les mesures restric-
tives qu'il demande à l'égard des donations de secondes
noces (2), l'interdiction des donations « post sponsalia, nisi
impotentium per ætatem, » son hostilité à l'égard des donations faites par les mineurs (3), l'interdiction de faire
passer au survivant des deux époux tous les conquêts, de
cumuler le don et le douaire, de donner tout son mobilier si l'on n'a pas d'immeubles pour une valeur égale (4).
« Crudele et inhumanum est donationem mobilium per-
mitti nece liberorum. »

La succession est donc pour d'Argentré un « fidéicommis
familial » ayant pour but la conservation des familles,
« desquelles la république est pour la meilleure part com-
posée comme de ses nécessaires membres, comme sous la
conduite, économie et maniement de la coutume, laquelle sert de curateur public et légal à tous mauvais mé-
nagers. » L'héritier, dit-il en effet (5), est appelé *ad pecu*
niam gentis; il faut arriver, dit-il encore (6), à la « per-
petuatio familiarum et opum ac per hoc gentis totius. Nam
gentem, pecuniam, familiæ opes avitas importunæ cujusque voluntati patere non fuit in republica bene ordinata

(1) Col. 659.
(2) Col. 734.
(3) Col. 759.
(4) *Ait.*, art. 219.
(5) Col. 1031.
(6) Col. 666.

ferendum (1). » La conservation des biens des familles est la considération « in qua tota fere Consuetudinis in tentio versari solet sive in contractibus sive hæreditatibus (2). » Nous retrouvons encore cette idée de copropriété familiale dans les passages suivants : « Et ont tous enfants dès le vivant de leur père seigneurie ou quasi-seigneurie qu'ils appellent interprétative et intellectuelle en la succession ou future du père, qui leur advient comme due et non gratuite ou pure lucrative (3)... et n'y a droit bien fondé en nature que celui qui vient de père à fils (4). »

La famille est donc une unité distincte, il en conclut que les héritiers de diverses lignes ne sont pas cohéritiers ; s'il n'y a pas d'héritiers dans une ligne, l'autre n'en profite pas (5) ; on ne peut donner à l'héritier d'une ligne le bien qui vient d'une autre, et la quotité disponible ne peut dans chaque ligne dépasser le tiers.

Mais si l'on ne peut par acte de dernière volonté régler la dévolution de ses biens, on peut fort bien par contrat de mariage établir dans une famille le gouvernement avantageux. En effet, ce qui choque le plus d'Argentré dans la liberté de tester, c'est qu'elle suppose que le père de famille peut se désintéresser de l'avenir de ses enfants, « minus homini aut legi rationis esse quam animantibus feris in fœtu educando valde derrasse est a norma humani juris (6). » Au contraire, l'établissement du gouvernement avantageux

(1) Col. 667.
(2) Col. 659.
(3) Col. 2305.
(4) Col. 2233.
(5) Col. 703.
(6) *Ait.*, art. 202 et 200.

ne dépouille nullement la famille. Dire que si l'on assure à quelqu'un sa succession, c'est le porter à désirer la mort du *de cujus* est un enfantillage. Si cela est pris pour raison suffisante, il ne faudra jamais regarder son héritier présomptif de bon œil, car il n'y a celui vivant qui ne voie chacun jour celui qui lui foulera la terre sur sa fosse, car l'un chasse l'autre, «velut unda supervenit undam,» et, ainsi que les fleurs d'une année renouvelante font tomber les vieilles feuilles des arbres quand la sève remonte au printemps. Et toutefois, comme disoit un empereur, « successorem suum nemo occidit, » et qu'on fasse ce qu'on pourra, si ne faillira-t-on avoir successeur (1).

La même pensée lui dicte son opinion sur la démission de biens, dont la légalité semble avoir été fort critiquée par les romanistes, et que d'Argentré au contraire approuve énergiquement. « Cur enim, dit-il (2), eum qui hæres ab lege et moribus destinatur, familiæ successor, dominum potius placet appellare quam curatorem rerum, aliena sollicitudinis vicarium ? et rei familiaris promum et condum ? Cur ætate ingravescente id subsidium curatum ingrate rejicitur, quod olim veteres et sapientes episcopi, imperatores et rerum procurationibus præditi sponte faciebant et sollicite quærebant cum coadjutores sibi cooptarent, veluti optiones muneris et successores vivi videntesque nominarent... Quod si insolens aliquis dimissarius hæres futurus fingitur, cur non ille potius speratur, quem natura suadet credere futurum affectæ ætatis patronum, et fidum subadivam ? cur male potius libet ominari ? Nam si qui

(1) Col. 2294.
(2) Col. 1027, 1028.

tales futuri sint, non defuturas leges et sua malis omnibus comparata esse remedia. » La prodigalité, l'ingratitude sont des causes de retrait de la démission. Nec eo spectare dimissiones ut patres familias fortunis spolientur, sed ut captatorum insidiæ præcaveantur, familia in officio habeatur, res conservetur, cauto præsertim dimittenti usufructu... » Et d'ailleurs, faut-il ne pas se marier, parce qu'on peut tomber sur une Xantippe ou une Aspasie, ou donner le jour à un Néron, à un Oreste... « Quis ideo nil serit quia multa avibus et feris demetuntur? quin potius occurrit animo gratum hæredem et officiosum futurum et quia dimissiones raro in alios quam in liberos aut nepotes fiunt, cur gratissima et jucundissima filiorum nomina et plenæ humanitatis appellationes non repræsentantur animo potius quam exempla infesta improborum aut sceleratorum. »

Quant à ce qu'on pourrait dire que par un contrat de mariage rédigé de telle sorte, le père de famille frustre quelques-uns de ses enfants, d'Argentré répond que ceux-ci « doivent prendre en bonne part le jugement paternel et maternel qui a été cause originale et seule de leur naissance, sans laquelle ils n'auroient langue, parole, ne essence pour le débattre et le sort qui en est venu délibéré toutefois au conseil de Dieu (1). » De même, il est d'avis que les fruits de l'héritage donné en avancement d'hoirie ne doivent pas être rapportés (2). « Nec habeant ceteri liberi quod conquerantur, si quo quisque ordine in lucem venere, aliti sunt, et filiæ collocatæ, filii artibus instituti, et

(1) Col. 2294.
(2) Col. 1945.

cuiquam pro conditione aliquid liberalius sit indultum. Nam et plerumque maturari dotes oportet grandibus virginibus et ceteris magnis de causis intercurrentibus, quæ ad libellam et omnimodam qualitatem infensius redigi scrupulose nec concordia domus nec patrum intentio ac ne legum quidem patitur, non magis quam ut factum paternum reprehendat filius, qui Asotum ad mentem redeuntem liberalius acceperat, cum se nihil commeruisse diceret et in officio semper fuisse nec a patre tamen quidquid tale esset adeptum. Sunt ista malignæ potius tenacitatis indicia quam ingenii obsequentis ad paternum factum, qui quo modo cuique optimum putat consilium pro singulis capit. »

Le régime qui lui semble cependant le plus conforme à la justice, c'est le partage égal. Ratio ab æqualitate cohæredum conservanda ducta est, ne invidia ab alterius prælatione quod semper contingeret (1). Hoc jus naturæ primævum, ex quo Baldus statuta omnia quæ inæqualitate admittunt liberos putat esse contra jus commune et contra naturalem æquitatem et hæc legum sententia ut servetur æqualitas (3). Aussi exige-t-il la révision de tous les partages, même du partage d'ascendant, si au moment de la mort les lots ne sont plus égaux. Mais il n'est pas sans s'être rendu compte des avantages politiques du droit d'aînesse. « Rerum publicarum et politicarum aliæ considerationes fuerunt, quæ jus primævum distinxerunt posterius, ex eo quid utilius in commune visum omissa interim consideratione individuorum quibus affixi jurisconsulti subinde hallucinantur et in minimis hærent. Quare

(1) Col. 695.
(2) Col. 1940.

in potioribus diversa gentium et populorum cura esse debuit, ut familiæ nobiles perpetuarentur, ut reipublicæ propugnacula (1)... Sic visum ut opes familiarum integræ starent atque stipes minus divulsus suo pondere consisteret cum tum ut secundonati exercerentur ad virtutem putarentque fortunas suas intra se consistere. Ea res una quandiu animis insita mansit, præstantia et bellicosa ingenia gens Britannia aluit, contempta virtute ignavum otium posterius secuti, multi defixi terræ hæsere chænici insidentes ut est in proverbio. In fœminas quidem et sequiorem sexum Consuetudo propensior, quarum pudicitiæ inimica est paupertas. Nosti, inquit Terentius, suam utraque illi res, id est forma et inopia, inutilis ad pudicitiam siet (2)... Les familles ne se peuvent mieux perpétuer ou maintenir que par union continuée en sa grandeur et force solide qui s'en va en dissipation et perd sa force par parcelles et distractions (3)... tellement qu'on voit par la dérivation des ruisseaux qu'on tire, les sources assécher, comme les membres périr quand le sang s'en tire en abondance, tout ainsi les maisons tarir par partages, distractions et démembrements et une maison riche et florissante périr par tel moyen, s'anéantir et devenir case propre de paysans. Et de vrai ailleurs qu'en Bretagne de 4000 livres de rente souvent en moins de dix ans il ne s'en saurait trouver en une main 200 livres de rente ensemble par la mort d'un seul père de famille ou chef de maison... Ce que l'expérience montre en tant de si belles et grandes maisons nobles si antiques, si bien conservées jusqu'ici, si bien soutenues et alliées, qui sont éparses par le

(1) Col. 1940.
(2) Col. 1973.
(3) Col, 2197.

pays de Bretagne, je veux dire autant ou plus en nombre qu'en autre pays de ce royaume, et telles qu'on voit toutes les voisines nations avoir une grande envie et désir de s'y allier et prendre pied et aveu pour faire souche et tige en leurs maisons de perpétuel fonds et permanent, non sujet à divisons ou démembrements. »

Mais il comprend le droit d'aînesse non comme une faveur mais comme une sorte de magistrature entraînant pour l'aîné l'obligation d'être l'appui et l'arbitre des puînés. Il n'y a pas à proprement parler de partage dans les successions nobles, l'aîné seul est saisi, il n'y a pas de demande et de défense réciproques, et les fruits perçus avant la demande ne sont pas sujets à restitution. Jusqu'en 1580 « dans les partages, prisant les forêts et bois, il fallait que les aînés des nobles rachetassent leurs bois ou les voir tomber honteusement et décorer leurs maisons, et s'ils les voulaient retirer, il leur fallait bailler à leurs puînés autant d'estimation que en quoi courait souvent tout le reste de l'héritage commun, et demeurait l'aîné seigneur du bois sans maison et le puîné seigneur de la maison sans bois. » L'art. 255 N. C. déclare qu'il n'y a pas lieu d'estimer les bois et les attribue à l'aîné comme accessoire du principal manoir.

Voilà le chapitre des profits : voyons celui des devoirs. D'Argentré a tracé (2) un fort joli tableau de certains aînés, « durs, revêches, fermant les oreilles et n'entrant en l'affection du père comme aux biens, et se servant de la coutume, comme ils disent, à la judaïque, et écoutant

(1) Col. 2199.
(2) Col. 2207.

assis et du foyer celui qui demande son pain à la porte...
si est-il hors de justice et humanité que le puîné soit à la
pluie et dehors la maison paternelle, et qu'il ne soit permis de se recueillir au couvert en la maison de son père,
et où il est fondé, de même feu nourri et élevé, joint qu'il
y peut avoir des circonstances aggravant cette étrangeté,
comme de filles sujettes à infortunes, sollicitations, mauvais conseils et males aventures, pour être destituées, et
quelque justice qui soit ou pureté, il y a bien de la peine,
des frais, de la longueur pour l'avoir, et d'infortunes, ren-
contres de cerveaux de ceux qui en jugent par passion ou
ignorance. Il y a de la longueur, de l'ennui, et de l'avance,
un riche aîné travaille et rompt la force et continuation du
puîné et l'ennuie. Et néanmoins le juge ne se doit accom-
moder ni à la tyrannie de l'aîné dédaignant son sang,
n'étant l'aînesse titre de cruauté, ains de bonté succédant
à la paternelle, ni à l'importunité d'un puîné moleste et
mal agréable, exacteur de ce qui lui est dû, à la ruine
de la maison dont il est issu, si avec trop peu de compor-
tement des nécessités de la maison commune, créées par
aventure par le père commun, le puîné fait trop d'instances ;
c'est un injurieux droit, et comme on dit, *summa injuria*,
de pratiquer ce droit-là à l'extrémité. »

Il s'est fort bien rendu compte que l'un des meilleurs
arguments que l'on pouvait donner en faveur du droit d'aînesse, et que l'on invoque aujourd'hui en faveur de la liberté de tester, est l'obligation du *débrouillage* imposée
aux cadets. « La condition des puînés du gouvernement
noble, dit-il (1), est fort fondée sur leur valeur et con-

(1) Col. 2299.

quête, nos prédécesseurs n'ayant pas eu opinion des puînés qui reviennent souvent à l'hôtel et qui par faute de
valeur voulurent rentrer au nid dont ils étaient sortis, non
plus que Gédéon de ceux qui se jetèrent sur le ventre à
boire en l'eau à mouille museau, mais bien de ceux qui à
la soldate en passant prirent hâtivement de l'eau au creux
de la main; ainsi jugerait-on de nos puînés. Entre les
moyens de parvenir les armes ne sont propres à tous et ne
se manient toujours; les lettres aussi peu, l'Église en reti-
rait beaucoup, qui est un moyen aisé à qui le peut
faire. Il y a une tierce façon qu'est la marchandise, qui
n'est pas le propre ni séant d'un gentilhomme; mais les
richesses se font partout paroir et regarder, pauvreté est
un importun solliciteur. De là il advient souvent que les
puînés, principalement en Basse-Bretagne, qui ont approché
et facilité de commercer à la mer, se jettent à la marchandise, et laissent dormir la noblesse pour un temps, et ne
retenant que le titre et la raisonnance de l'habitude, pour
une saison et deviennent marchands et quelquefois heureu-
sement acquièrent des biens. »

D'Argentré est assez disposé à favoriser le puîné, et tout
en ne lui accordant qu'une faible part de l'héritage, à lui
faciliter les moyens de l'obtenir. Le puîné, même s'il a
d'autres biens, peut demander son viage, c'est une obligation civile et non une obligation naturelle, comme celle de
fournir des aliments (1). Sauf en succession collatérale, car
alors il peut ne rien obtenir, il lui accorde une provision (2).
S'il n'y a dans la succession que de quoi former le préci-

(1) Col. 2313.
(2) Col. 2227.

put, il faut l'écourter afin que les puînés aient quelque chose. Si le père fait renoncer sa fille à sa succession, il blâme l'usage courant et qui fut consacré par l'art. 558 N. C., d'attribuer l'accroissement à l'aîné seul (1). Cette matière des renonciations est d'ailleurs une de celles qui l'ont le plus préoccupé. L'art. 224 A. C. autorisait le père à avantager une de ses filles, même en réduisant l'aîné à sa part virile, d'où indignation de d'Argentré. «Quid attinebat, dit-il (2), rursum hic inter portiones secundonatorum inæqualitatem struere contra communes regulas, cum omnes eodem jure et partiendi lege tenerentur. » Pourquoi n'avoir pas au moins désigné la fille aînée comme la titulaire nécessaire de cet avantage (2). Pourquoi laisser le choix «vago et incerto patris arbitrio, addo sæpe etiam depravato illecebris et irrationabili? » Pourquoi créer deux aînés ? Pourquoi ne pas avantager plutôt un mâle, « in quorum persona agnatio, nomen et familiarum honos consistit ? » On dirait que d'Argentré en veut à la souveraine qui a amené la réunion de la Bretagne à la France, quand il fait l'éloge des lois qui excluent de la succession paternelle les femmes dotées ou mariées, puisqu'en elles finissent « gentis nomen et decora, » et trouve que c'est faire assez pour elles « si maritis locarentur ex dignitate. » L'art. 557 N. C. lui donna raison, en permettant au père d'exclure de sa succession la fille dotée ou de l'y faire renoncer.

La question des successions collatérales est certainement une des plus délicates. Le puîné n'a qu'un usufruit, sa

(1) Col. 2311.
(2) Col. 769.

succession n'est donc qu'une consolidation du droit de
l'aîné, il est donc naturel que celui-ci en hérite seul. Pour
atténuer cette conséquence fort rigoureuse de principes
indéniables, d'Argentré déclare que les incapables, ceux
qui répudient la succession ou meurent sans avoir accepté
ne seront pas comptés au moment du partage, et que
l'aîné ne viendra par conséquent pas en leur nom rétrécir
la part des puînés. Lorsqu'en 1580 le tiers de l'héritage
fut attribué aux puînés non plus en usufruit, mais en propriété, il semble que ce changement de principes eût dû
amener un changement dans les résultats; mais les Etats,
ne se souvenant plus du fondement juridique de la règle,
votèrent l'art. 559 N. C. malgré les critiques de d'Argentré
et attribuèrent à l'aîné seul les successions collatérales.

En somme, sur les successions, d'Argentré lui-même a
pris soin dans un passage, de nous faire connaître les principaux de ses *desiderata.* « Quanquam, dit-il (1), si quid
in me judicii est de rebus et tot annorum commerciis et usu
profeci, omnino hæc mihi temperanda acerbitas consuetudinis videtur quæ nobis tot pugnas subinde redintegrat
et familiarum exitia, omninoque trientem perpetuum et
par héritage. Secundonatis tribuendum ego licet primoge-
nitus censeo idque nobilibus passim omnibus sublato dis-
crimine et damnata memoria Assisiæ et factiosi juris. Idem
in bonis omnibus cujuscumque qualitatis sive nobilibus sive
paganicis ; idem in hæreditatibus collateralibus ; nec aliter conquiescere tot dissidia video, nec mihi opponatur
antiquitas juris, cum antiquius fuisse constet quod ante
diversum obtinuit, et certum sit ante Assisiam alio jure

(1) Col. 1974.

usos majores nostros et huic sententiæ favere jus naturale
primarium ; fuit priscis fortasse genus alius, sociatio alia.
Nam quando aliter coalescere concordia nequit, deceden-
dum certe quadamtenus de jure tam summo et præfacto
puto, et aliquid indulgendum et sanguini et æquitati. »

Tels sont les principaux articles de son programme de
réformes ; nous verrons plus loin qu'ils furent presque tous
admis.

CHAPITRE VII

LA ROYAUTÉ ET L'ÉGLISE

La royauté telle que la comprend d'Argentré, c'est l'Etat féodal, le *publicum*, absolu en droit, limité en fait par la coexistence de privilèges, de libertés qu'il aurait pu ne pas concéder, mais qu'il n'a pas le droit de retirer. On a raison de dire que le pouvoir repose par sa nature, son origine et son essence dans le roi seul, en vertu de son droit propre ; tous ceux qui en exercent une part l'exercent par concession ; le prince en est la source ; ils en sont les canaux ; si la source ne déborde pas, il n'y a pas de rivières ; ainsi les juges royaux ont seuls le droit de se dire juges ordinaires, ayant en droit toute juridiction et tout pouvoir dans tout le royaume et dans chacune de ses parties, et personne ne peut y prétendre si ce n'est comme en ayant reçu la concession d'une manière médiate ou immédiate. Quels que soient les termes d'une concession de terres, elle ne doit être entendue que sous réserve des droits du pouvoir suprême, c'est-à-dire de la connaissance des appels en dernier ressort et des compétences ; ils sont inséparables de la couronne et du titre de roi, et ne peuvent être concédés à personne (1). Le juge royal n'use pas toujours de ses droits,

_____
(1) Col. 95.

mais il a juridiction sur les vassaux et les arrière-vassaux,
et si le juge seigneurial néglige d'exercer son devoir, la
justice sera plus facilement dévolue au seigneur supérieur,
si c'est le roi (1). Mais les juges royaux ne doivent pas aller
exploiter sur les terres des barons (2).

« Licet fundatus sit in supremo ressortu et protectione et
dominio supremo, » le roi n'a cependant aucun droit de
propriété sur les terres de son royaume, « non tamen in
proprietate rei cujusque (3). » Les terres vaines et vagues
appartiennent donc au seigneur et non pas au roi, et lorsque
Charles IX en prescrivit l'aliénation en 1567, les Bretons
s'y opposèrent et obtinrent la déclaration que l'aliénation
serait faite sans fraude des droits des propriétaires. Ils furent
moins heureux au siècle suivant pour l'attribution des successions des bâtards.

Les appétits fiscaux de la monarchie et de ses rapaces
agents trouvent en d'Argentré un censeur résolu. « Il se gar-
dera bien, dit-il, de défendre le franc-fief, car il ne veut in-
viter l'inclination de ce furieux temps à s'amorcer du sang
et substance du peuple par nouvelles et recherchées occasions (4). » Il faut l'entendre parler de la capitation romaine,
de ces merveilleux artisans d'exactions fiscales dont les in-
ventions leur ont survécu, pour notre malheur à nous, trop
crédules disciples de ces mauvais maîtres ; de la taille française exigée par les nécessités de la guerre, tolérée par la
facilité du peuple à cause des périls de l'Etat, d'abord demandée à voix basse, avec modestie, du consentement des

(1) Col. 116.
(2) Col. 54.
(3) Col. 1331.
(4) Col. 2329.

grands, auxquels au début on en donnait une part. Il reste encore aujourd'hui une image de cet état de choses, lorsque chaque année on vient en faire la demande aux Etats ; mais ce n'est qu'une vaine figure de l'ancienne liberté du peuple et des grands, *antiqui spiritus species*. Nous avons encore de vieilles chartes des anciens souverains qui défendent de rien exiger sans le consentement du peuple et des grands, et déclarent qu'une fois obtenu, il ne peut servir de prétexte à de nouvelles levées, *ne ea exegisse auctoramento habeatur servitii*. Maintenant les rois n'ont pas d'impôt plus fixe ; là où le consentement du peuple a validé leurs demandes, les rois veulent paraître tenir de leur droit ce qu'ils tiennent de notre bonne grâce, ce qui montre combien il faut, dès leurs débuts, s'opposer à ces tendances (1). Il est injuste, dit-il, d'exiger la taille de ceux qui ne possèdent pas de biens-fonds, *pro artificiis, pro operis, pro mercede famulatus*. Le billot, bonne trouvaille à l'origine, a bientôt dégénéré comme les autres *in acerbitatem exactiornis*. Et cependant il avait été stipulé dans le contrat d'union qu'aucun nouvel impôt ne serait établi en Bretagne, et l'on essaie d'en lever subrepticement. Et quoique toutes ces doléances soient fondées, nous n'avons pas encore pu obtenir justice et l'on ne peut deviner ce qui se produira, à moins que des jours meilleurs ne luisent sur nous, car deux fois dans les Etats *regia potestate cum populo inter alios agentes*, nous n'avons rien pu arrêter. Nos malheurs sont trop connus. C'est le malheur des temps, dit-il ailleurs, à propos des révisions des comptes, suprême ressource d'un gouvernement voué aux expédients

(1) Col. 1344.
(2) Col. 1119.

financiers, qui fait intenter tant de procès aux héritiers des receveurs, après tant d'années, après les prescriptions accomplies, et même à tous ceux qui sur la marge des registres de l'impôt ont une note à l'article de leur nom. Quelle funeste habileté déploient ces gens avides qui ne tiennent pas compte du malheur des temps et de la destruction de tant de preuves, et qui partout où ils aperçoivent une proie, ferment la bouche à l'équité. « Et fortasse ignoscendum erat publicæ necessitati nisi hæc ipsa præda vulgo ludionibus mulierculis et propudiosis hominibus captaretur. » Décidément, les mignons de Henri III n'avaient pas su trouver le chemin du cœur de d'Argentré.

C'est surtout à propos des rapports de l'Eglise et de l'Etat que les opinions de d'Argentré sont curieuses à noter, tant elles diffèrent de cet esprit gallican qu'on est généralement assuré de rencontrer chez nos vieux jurisconsultes français. Il a pour l'Eglise catholique une véritable affection, et les abus qu'il constate lui-même ne diminuent en rien, ils ne font qu'éclairer cette affection. « Docendi adolescentes magnam præteriti temporis in ecclesiasticas disciplina fuisse licentiam, multaque temporum lapsu et incuria præscriptionum obtentu esse inter ecclesiasticas functiones et ministros perturbata et traducta in non suum locum, quæ subinde de Curiarum supremarum animadversionibus reformari oportuerit, indormientibus quorum ea cura fuerat. Multa fraudulenter et avare induxere quæ prætextu laudabilium consuetudinum præscripta dicuntur, fatendumque multorum avaritia et intempestiva pietate bonorum irrepsisse, complura magna ratione abroganda, et falsa pietatis imagine adumbrata, ferendumque fuerat ista repre-

hendi, nisi improbi cives occasionem inde sumpsissent ad
ipsa dogmata et fixa de lege pronunciata convellenda et
infamanda traducta censura de hominum vita ad religionis
æstimationem (1). » Les réformes qu'il sollicite ne portent
guère que sur des points de détail : il approuve la suppression du droit d'asile qui n'offrait plus que des inconvénients, et dont les Français s'étaient affranchis avant nous ;
il demande la diminution du nombre des jours fériés, afin
que la production nationale se développe, étant donné surtout que c'est sur de vagues rumeurs populaires que beaucoup de ces saints ont pour ainsi dire pris le ciel d'assaut (2).

Sur la question des biens de mainmorte, il cherche évidemment la conciliation. Il regrette le temps où les ordonnances permettaient l'aliénation du domaine royal pour do-
ter les églises (avant 1539), sed impietas hujus seculi et
imminutio sacerdotum non admittit. Mais en même temps
il se montre soucieux d'arrêter les largesses exagérées (3).
«Compertum homines rusticos præsertim nostrates, cum liberos non habent, ac vero etiam sæpe liberorum fraude
effuse sua in ecclesias et tales causas conferre. Fecit hoc
superior ætas crebrius, nunc pietas refrixit. Quibus in bonis tria aut quatuor jugera soli fuere inter extrema placita
tota in celebrationem missarum reliquerunt. Ipsi quoque
hæredes religione moti inofficiosi arguere testamenta aut
donationes non sunt ausi. Nunc crebrius de eo inquiritur.
Scribit Justinianus alicubi rerum Ecclesiæ donatarum optimum esse modum immensitatem ; fuit æterna illorum

(1) Col. 1128.
(2) *Ait.*, art. 3.
(3) Col. 672.

temporum ejus ordinis illa religio et probitas quæ bona sic
haberet ut aliis potius quam sibi haberet videretur. Nunc
non tantum expedit fortasse, sed meliora speranda sunt.
Ceterum ut maxime pietas hac in re colenda sit, sic tamen
coli debet ne altera e diverso pietas offendi possit, nec enim
minor pietas debetur liberis quam Ecclesiæ... Nec placuit,
dit-il ailleurs, in immensum congeri opes in eum ordinem,
cum homines prudentes prospicerent, si illud obtineret,
successu temporis fore ut ea omnia confluerent, nihil ef-
flueret prohibita alienatione et plano experimenta docuerant,
non optimæ tuendæ religionis rationem in opibus collocari,
cum constet nil æque pietati nocuisse ac nimias et sine ju-
dicio congestas opes in quibus magna luxus materia sit
magna dissolutionis. »

Quand il aborde le terrain le plus brûlant, celui de la
justice et du droit ecclésiastique, il cherche à se montrer
aussi conciliant. Au dessus de la justice des hommes et de
ses prescriptions, il sait faire la part de la conscience. Nemo
jubente delictum parere cogitur, non servus domino non
filius patri, non quisquam magistratu. Sceleris hæc prima
est ultio, dit-il ailleurs (1), quod se judice nemo nocens ab-
solvitur. Mais il faut bien se garder de les confondre ; il
est des cas où l'intérêt social exige que l'on passe outre,
au risque de consacrer une injustice : la mauvaise foi, quoi
qu'en pensent les canonistes, ne peut pas éternellement
vicier une possession et empêcher de prescrire. Il ne faut pas
mêler aux actes civils des considérations religieuses : le débiteur insolvable ne peut être excommunié (2), c'est exagé-

(1) Col. 1913. Voir aussi Col. 1519.
(2) *Ait.*, art. 6.

rer la force religieuse du serment que de valider un contrat nul parce que le mineur avec lequel il a été passé a juré de le respecter (1).

La compétence ecclésiastique avait été jusqu'aux premières années du xvie siècle fort étendue en Bretagne, et du temps de Pierre Mauclerc les luttes avaient été fort vives, notamment sur la matière des testaments. D'Argentré n'hésite pas à déclarer que la plupart du temps il y a eu là de la part de l'Eglise empiètement sur le domaine du pouvoir civil. Il semble d'ailleurs en attribuer une bonne part de responsabilité aux princes, qui ne devaient être que les serviteurs de l'Etat, mais qui se sont servis du pouvoir dans leur intérêt propre, ont attiré les prêtres à la cour, les ont éblouis et leur ont fait détourner les yeux de la contemplation du ciel : tant il est vrai qu'il n'y a que les sages qui puissent exercer le pouvoir avec mesure (2). Ils ont eux-mêmes sollicité des décrets du Saint-Siège sur les matières profanes : il n'est pas étonnant que les pouvoirs aient été confondus. Nec judices ecclesiastici modum ponebant incrementis cognitionum, alias atque alias ad se trahentes, sub obtentu peccati, sacramenti et evangelicæ demonstrationis. Quarum rerum tanta vis ac potestas est ut infinita comprehensione omnes omnino contractus contineant et commercia, in eum usum testatas denunciationes hoc est inhibitiones repererant, quæ judicibus civilibus intenderentur : ne sibi illi ullam qua de re visum inhibentibus esset cognitionem sumerent, addito excommunicationis metu (3)... Nec dubium quin potestas illa ambitione ho-

(1) *Ait.*, art. 471.
(3) Col. 177.
(2) Col. 17.

minum ultra jus fasque evecta, multum olim de alieno traxerit : cui se magistratus civilis pene sero opposuit, repertis appellationibus quas ab abusu appellant quæ patrum memoria Britannicis tribunalibus ignotæ tantum cum tempore incrementorum sumpsere ut tam alternante fortuna non sine justa causa finium regundorum judicium illi possint intendere, felices si nostra cum modo tenere potius quam aliena appetere in animum induxissemus (1). » Au lieu de voir l'un des pouvoirs chercher à prendre sur l'autre une revanche, il les exhorte à vivre en bonne intelligence. Il approuve l'art. 4 N. C. parce qu'il est plus modéré que l'ordonnance de 1553, et qu'il débarrasse la matière des broussailles que les canonistes y avaient fait pousser. Debent quidem mutuum sibi auxilium ecclesiasticus et civilis magistratus et quod olim ex vetere formula fœderatorum populorum dicebant alter alterius majestatem comiter conscrvaro (2). C'est dans cet esprit de modération qu'il règle la question des frais de procédure et de garde faits par le juge civil dans le procès d'un clerc avant de le remettre à la justice ecclésiastique, et que le clergé, alléguant la nullité de la procédure, se refusait à payer : d'Argentré les met à la charge du clergé, sauf si le juge a fait traîner la procédure en longueur et aggravé les dépenses à plaisir (3). Le juge séculier chargé de l'exécution ne doit pas chicaner sur la validité de la sentence (4). En matière de cas privilégié (fausse monnaie par exemple), il faut que les deux juridictions jugent concurremment, cela

(1) Col. 15.
(2) Col. 15.
(3) Col. 12.
(4) Col. 16.

diminue les frais et permet d'employer tous les modes de preuve possibles (1).

En tous cas, vis-à-vis des clercs (et il est d'avis d'accorder aux étudiants le privilège de la juridiction ecclésiastique, afin de favoriser ces établissements si bons et si nécessaires où se distribue la science (2), il faut laisser pleine latitude à la juridiction ecclésiastique. Les évêques peuvent bannir les clercs de leurs diocèses, ils peuvent les excommunier, l'Etat n'y est point intéressé, puisqu'il s'agit de personnes soustraites à sa juridiction (3). L'évêque a seul le droit de les tenir en prison (4). Il approuve l'autorisation donnée par François Ier et Henri II aux juges ecclésiastiques d'arrêter les hérétiques, « ne quam ejus cognitionis partem judices civiles sibi vendicarent » : c'est, dit-il, *bona pax regiæ auctoritatis.* Il parle de ces innovations introduites *invidio hominum et propensione sæculi ; ea contentio,* dit-il, *factionem recipiebat.* La bénignité que les tribunaux ecclésiastiques montraient à l'égard des délits commis par les clercs, exaspérait beaucoup de laïques, « nec quisquam negaverit effreni illius ordinis hominum quorumdam licentia et ausu provocatam potestatem civilem indormienti sacerdotis socordia ut remedium opponeret. » Les évêques, disait-on, en ordonnant des gens indignes, favorisaient des hommes qui n'avaient d'ecclésiastique que l'habit. Mais en réfléchissant, il parut bon de ne pas condamner à la légère, à cause de la licence effrénée

(1) Col. 216 et *Ait.,* art. 7.
(2) *Ait.,* art. 4.
(3) Col. 19.
(4) Col. 11.
(5) *Ait.,* art. 210.

de ce siècle pervers, le sentiment des siècles anciens attesté en tant d'illustres monuments, et de ne pas abroger entièrement un remède salutaire en ce siècle troublé, alors qu'il est constant que des coupables soustraits aux sévérités de la loi sont rentrés dans le droit chemin « et in republica frugem fecisse non mediocrem. » Mais ce siècle a dans le sang le mépris des vieux usages (1).

Notons en terminant cette assertion que le clerc ne naissant pas clerc, mais le devenant, est citoyen avant d'être ecclésiastique; si donc il est mandé devant le juge laïque, il doit se rendre à l'assignation, même si elle est irrégulière, pour revendiquer son privilège, il est tenu de donner cette marque de déférence à la justice de son pays (2).

(1) Col. 11.
(2) Col. 10.

CHAPITRE VIII

De tout ce que nous venons de dire il résulte que d'Argentré n'était pas ce qu'on appelle dans le mouvement, et que ses idées sont absolument contraires à celles qui de plus en plus prévalaient autour de lui : aussi n'est-il pas étonnant que son influence sur le droit français ait été faible. La féodalité morte, la Bretagne unifiée, il semble même qu'il n'eût dû rien subsister de ses tendances ; et cependant, comme le patriotisme local est une forme de patriotisme, lorsque les nations ont voulu affirmer leur indépendance vis-à-vis de l'étranger, c'est à la théorie de d'Argentré sur les statuts, reprise et développée par les jurisconsultes belges, qu'elles ont eu recours.

Dans son pays d'ailleurs, son influence fut considérable, et le texte coutumier rédigé sous ses auspices demeura pendant deux siècles inspiré de son esprit.

C'était en 1571 que les Etats de Bretagne avaient nommé les commissaires chargés de réviser la coutume ou pour mieux dire d'en dresser un texte logique, puisque la rédaction de 1539 n'était que l'arrangement d'un texte privé. Ce ne fut qu'au bout de quatre ans que les commissaires se décidèrent à se mettre à l'œuvre, et la discussion sur le texte pré-

paré par eux ne s'ouvrit aux États de Bretagne qu'en 1580.
D'Argentré était alors la grande lumière juridique de la
Bretagne : quelque vives qu'eussent été les inimitiés qu'il
avait rencontrées, il eût été puéril de l'écarter : ce fut donc
sur la demande des États, *publica obtestatione*, comme
nous l'avons déjà dit, que d'Argentré fut désigné par le roi
comme l'un des commissaires. « Parui, nec publicæ curæ
deesse volui, » dit-il, dans l'avis au lecteur de l'*Aitiologie*.
Maintes fois, nous dit-il, il eut à exposer le sens du texte,
les controverses, les lacunes, les passages surannés, il
s'employa de son mieux à donner aux articles une rédaction explicite, et quoique l'accord n'ait pas toujours été unanime sur telle et telle disposition, il considère qu'on a fait
de bonne besogne et réduit considérablement le domaine
de la chicane.

Les traces de cette intervention se rencontrent à chaque
pas. Le titre des donations fut presque entièrement tiré de
ses commentaires. Pour les prisages, « ego seorsum des-
cribendum suscepi, rogatu ordinum conjeci in regulas et
omnes magno consensu sunt adstipulati. » Quand on arriva
au titre des fiefs, il se fit tout à coup un grand silence, et
comme un aveu unanime d'ignorance en présence de cette
épineuse matière. Là encore on eut recours au grand
jurisconsulte, et ce fut lui qui rédigea tout le titre dans un
ordre nouveau ; et quand il fallut fixer la compétence des
divers degrés de juridiction, ce fut encore lui qu'on en
chargea. Son attention s'étend d'ailleurs jusqu'aux détails :
il fait changer de place les articles 169 et 273 afin que la
logique soit pleinement respectée.

Sur presque tous les points, ce sont donc ses idées ou ses

tendances qui triomphent. La nouvelle coutume s'efforce de prévenir les gens contre leurs propres imprudences (art. 43), elle règle la situation du fidéjusseur (art. 186), elle impose au vassal l'obligation d'avouer ou de désavouer (art. 362), elle développe la théorie des récompenses entre époux, elle fixe les délais pour l'acceptation d'une succession et d'une communauté, elle règle la procédure de l'interdiction du prodigue. Sur une foule de points particuliers, nous voyons les traces d'une action énergique et persévérante de sa part. Il est toujours sur la brèche, faisant taire ses adversaires, et comme il le dit lui-même, ouvrant un chemin à la vérité. Faire cesser les controverses par une rédaction précise et détaillée (art. 3, 252 et 611), établir l'unité, (art. 276), rendre efficaces les obligations du débiteur (art. 177) sans aggraver sa situation (art. 190, 194, 239, 259), prévenir les fraudes en donnant aux nullités un caractère absolu (art. 197), éviter les circuits (art. 121), les occasions de procès (art. 271 et 280), la remise des choses en question (art. 142 et 184), donner de la publicité aux émancipations (art. 493), toutes ces tendances que nous avons signalées au courant de ces études sont ici couronnées de succès. Sur le caractère mobilier des actions réelles (art. 285), sur l'obligation des héritiers aux dettes (art. 552), sur les rapports (art. 597), c'est son opinion que l'on adopte. Il obtient que la prescription ne coure que du jour où l'on a cessé de posséder en commun (art. 283), qu'en matière de constitution de rentes, elle ne coure que du jour de l'assiette (art. 324), que l'hypothèque de la femme mariée pour la récompense de ses propres aliénés prenne rang à dater du jour de l'aliénation (art. 439).

Sur la matière des donations, l'assemblée adopte toutes ses idées : nullité de la donation inspirée par la haine et de la donation causée, obligation du donataire aux dettes, détermination de la part en usufruit, restriction au cas de second mariage. Il en est de même pour les ventes : les Etats décident qu'elles sont dues si la vente du fonds suit celle de la superficie (art. 54), si la vente suit l'engage (art. 54), en cas de prorogation du délai de réméré (art. 56), en cas d'échange d'un immeuble contre un meuble (art. 59) ou de constitution de rente excédant dix sols (art. 60), ou si un échangiste s'engage à fournir ou à faire fournir des deniers à son co-échangiste (art. 66). Au contraire, on déclare qu'elles ne sont pas dues en cas de constitution de dot (art. 58). Il en est de même en matière féodale : le principe *nulle terre sans seigneur* est inscrit dans l'article 328, l'article 87 oblige le seigneur à nourrir ses sujets s'il les fait travailler à ses châteaux et à les y recevoir en temps de guerre, l'article 91 oblige le noble à fournir quelqu'un pour faire les corvées à sa place. Sa sollicitude est telle qu'elle s'étend aux moindres détails, et l'une des additions les plus intéressantes qui lui soient dues, c'est la faculté de contraindre les riverains à réparer les routes (art. 49), afin que les seigneurs ne puissent plus s'excuser sur leur pauvreté d'un défaut d'entretien qui rend très difficiles les communications et l'approvisionnement des villes.

En matière successorale, c'est à lui qu'il faut attribuer l'unité des règles, l'amélioration du sort des puînés, devenus propriétaires et prenant part au mobilier.

Il ne faudrait pas croire cependant que son triomphe ait

toujours été facile, ni même qu'il ait toujours eu lieu. Lorsque sur l'article 4, il proposa de reconnaître aux étudiants le privilège de cléricature, tous les hommes de tous les ordres et mêmes les gens lettrés s'y opposèrent avec un acharnement étonnant, disant que la fréquentation des écoles servirait souvent de prétexte pour tourner la loi. Il eut beau faire remarquer que la crainte des fraudes ne suffisait pas pour empêcher de voter une loi, qu'on ne pouvait en trouver une seule qui dès sa promulgation ne vît la fraude s'abriter derrière elle et qu'alors il ne fallait jamais faire de lois. Il eut beau faire, l'article fut renvoyé à la commission : là du moins l'autorité de l'ordonnance, la raison et la sainteté de l'institution triomphèrent ; mais ce n'était qu'un triomphe en petit comité. Sur l'article 7, il ne put empêcher qu'on imposât aux évêques l'obligation de dégrader les clercs condamnés. Sur l'article 10, à propos des prorogations de juridiction, il eut encore de vives discussions avec les évêques et les possesseurs de juridictions importantes. Encore une fois l'obstination des réclamants fit renvoyer le texte à la commission qui le maintint et le fit enfin prévaloir à l'assemblée générale. Sur l'article 17, il avait demandé pour tous la faculté de compromettre, un contradicteur se leva, mais n'apporta que des raisons rebattues, froides, insignifiantes, *et tam longe petitas ut plane hærerent salo* ; d'Argentré répondit en l'écrasant de citations d'Accurse, des glossateurs, des canonistes ; mais les Etats trouvèrent la chose de peu d'importance et laissèrent le texte tel quel. Sur l'article 92, par une même négligence, ils préfèrent s'en tenir à l'ancien droit plutôt que d'introduire une disposition du droit romain.

L'échec qu'il essuya à propos de la distinction des justi
ces lui fut particulièrement sensible. Les usurpations nombreuses que la négligence des procureurs du souverain ou
des hauts justiciers avait favorisées, avaient complètement
bouleversé cette matière, où le défaut de règles coutumières
laissait toute latitude au caprice individuel : les Etats char-
gèrent d'Argentré de délimiter les diverses compétences ;
mais dès qu'il eut donné lecture de son travail, « domestica sua quisque deprehendit, si illa descriptio obtinuisset,
conscientia perculsi privatim quisque mussare, et in aurem
alter alteri insusurrare cœperunt : omitti ista satius est,
quam curiosius exerceri, et his carere possumus. Nam cui
non aliquid, cui vero non multum de usurpatis decedit, si
ista obtinent ; nobis nihil movendum, utantur posteri ut
licebit, et de illis quidem, « ego (ait) approprimentorum
jure semper usus sum, nec unquam merum imperium
habui, » et alius, « ego et notarios creare soleo et inventa-
ria scribere nec unquam mixtum habui, hæc mihi, hæc tibi
pereunt si ista valere sinimus. » Lutter de front avec le grand
jurisconsulte était difficile ; un des opposants s'y était ris-
qué, en alléguant que dans ses domaines il en usait autrement, et s'était attiré cette réponse que les caprices d'un
particulier ne constituent pas le droit. Après avoir bien
tourné et retourné la chose, ils convinrent de supprimer le
travail de d'Argentré et même de ne pas en parler dans
l'assemblée des ordres ; et l'indomptable d'Argentré en fut
réduit, pour toute protestation, à déclarer dans l'*Aitiologie*
que dût-il être le seul à enseigner et à pratiquer sa doctrine,
elle n'en serait pas moins la seule équitable et la seule
vraie.

Sur la question de la double sommation exigée du seigneur (art. 21), de la confusion des rachats échus au cours de la même année (art. 70), de la huitaine franche (art. 269), de l'afféagement à titre onéreux (art. 359), de l'accroissement en matière de successions (art. 558), il eut encore de petits échecs à supporter. Il s'en consolait en pensant que les hommes ne sont pas raisonnables tous les jours de leur vie. Que faire d'ailleurs quand la foule ferme les oreilles à la raison ; sur des matières qui exigeaient des connaissances spéciales, on avait eu grand tort de donner à tous le droit de vote : le suffrage universel est un mauvais agent de codification. Rendons cependant aux Etats cette justice, c'est qu'à l'égard des théories de d'Argentré, ils ne montrèrent pas plus d'hostilité que n'en témoigna le Corps législatif de l'Empire aux Codes que lui présenta Napoléon.

TABLE DES MATIÈRES

POSITIONS

POSITIONS PRISES DANS LA THÈSE

DROIT ROMAIN

I. — La première consécration législative de la Loi Rhodienne à Rome remonte au règne d'Auguste.

II. — Les Romains ne faisaient contribuer à la réparation du dommage causé par le jet que les objets sauvés.

III. — L'action *exercitoria* a précédé l'action *institoria*.

IV. — L'action *tributoria* sert à obtenir réparation de la lésion éprouvée par un créancier dans le partage du pécule, et non à provoquer ce partage.

DROIT FRANÇAIS

I. — L'assise du comte Geoffroy sur les successions ne s'appliquait pas à tous les nobles.

II. — Le retrait lignager n'offrait plus au XVIe siècle aucune trace de l'ancienne copropriété familiale.

III. — Dans sa théorie des droits féodaux, d'Argentré s'inspire plutôt de l'idée de la légitimité des droits acquis que du caractère politique de la féodalité.

IV. — Il y a eu à côté de la chevalerie personnelle, une chevalerie réelle que d'Argentré a confondue avec la première.

POSITIONS PRISES EN DEHORS DE LA THÈSE

DROIT ROMAIN

I. — La *litis contestatio* ne fait pas courir les intérêts.

II. — Justinien n'a pas enlevé au mari la propriété des biens dotaux.

III. — L'esclave ne peut stipuler *post mortem domini*.

IV. — L'obligation aux *operæ libertorum* n'a jamais résulté d'un contrat innommé, sanctionné par l'action *præscriptis verbis*.

DROIT CIVIL

I. — Le tribunal saisi d'une demande en divorce et d'une demande reconventionnelle en séparation de corps peut prononcer à la fois le divorce et la séparation.

II. — Le preneur à bail n'a qu'un droit personnel.

III. — La dot mobilière est inaliénable.

IV. — L'hypothèque légale de l'art. 1017 ne donne de droit de préférence aux légataires qu'à l'encontre des créanciers de l'héritier.

DROIT CRIMINEL

Une condamnation pour filouterie d'aliments ne compte jamais pour la relégation.

HISTOIRE DU DROIT

I. — Au point de vue des faits qui leur ont donné naissance, on peut dire que le fief et la justice n'ont rien de commun.

II. — On ne saurait trouver dans le *comitatus* germanique l'origine des institutions féodales.

III. — Les Établissements de saint Louis ne sont pas l'œuvre de ce prince, mais une compilation d'usages Orléanais.

Vu par le Président,
GLASSON.

Vu par le Doyen,
COLMET DE SANTERRE.

Vu et permis d'imprimer :
le Vice-recteur de l'Académie,
GRÉARD.

St-Amand (Cher). — Société anonyme de l'Imprimerie St-Joseph
Régénération de l'ouvrier par l'atelier chrétien.
Fondateur : l'abbé J. PAILLER. — Directeur Eml. CHAGNON.

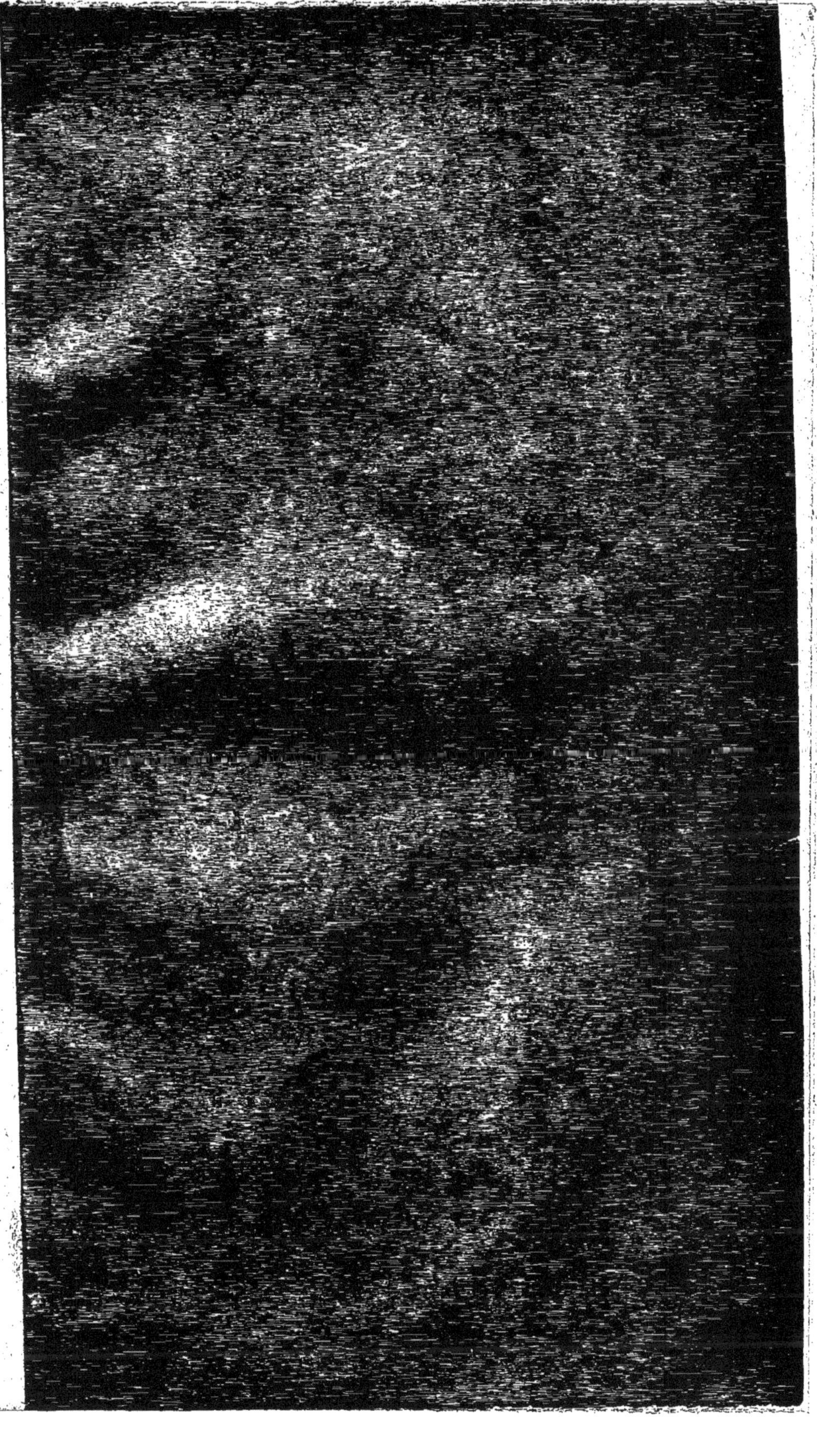

Saint-Amand (Cher). — Soc. An. de l'Imp. Saint-Joseph.